101 French Idioms

Understanding French Language and
Culture Through Popular Phrases

Jean-Marie Cassagne

Illustrated by Lucques Nisset-Raidon

PASSPORT BOOKS
NTC/Contemporary Publishing Company

Library of Congress Cataloging-in-Publication Data
is available from the United States Library of Congress.

Published by Passport Books
An imprint of NTC/Contemporary Publishing Company
4255 West Touhy Avenue, Lincolnwood (Chicago), Illinois 60646-1975 U.S.A.
Copyright © 1995 by NTC/Contemporary Publishing Company
Printed in the United States of America
International Standard Book Number: 0-8442-1290-3

8 9 ML 0 9 8 7 6 5

Contents

pêche □ Jeter de l'huile sur le feu □ Tondre des œufs □ Pédaler dans la semoule □ Cracher dans la soupe □ Casser du sucre sur le dos de quelqu'un

Section Five:
La Vie au Quotidien—Life Day by Day   43-54

Rootir le balai □ Mettre quelqu'un en boîte □ Tirer la couverture à soi □ Tomber les quatre fers en l'air □ Être une vraie girouette □ Passer au peigne fin □ Envoyer quelqu'un aux pelotes □ Tourner autour du pot □ Payer les pots cassés □ Passer un savon à quelqu'un □ Tirer les sonnettes □ Se mettre à table

Section Six:
Le Bric-à-Brac—Odds and Ends   55-68

Saisir la balle au bond □ Mettre des bâtons dans les roues de quelqu'un □ Reprendre ses billes □ Un coup d'épée dans l'eau □ Ronger son frein □ Il tombe des hallebardes □ Avoir les jetons □ Voir le monde par le petit bout de la lorgnette □ Être dans les petits papiers de quelqu'un □ Être au bout du rouleau □ Couper le sifflet à quelqu'un □ Être sous les verrous □ Ramasser une veste □ Avoir la'ir d'une poule qui a trouvé un couteau

Section Seven:
Petite Ballade en Ville—
Walking around Town   69-78

Jeter l'argent par les fenêtres □ Brûler les étapes □ Être au four et au moulin □ Faire le mur □ Raser les murs □ Tenir le haut du pavé □ Sauter au plafond □ Faire le pont □ Mettre la clef sous la porte □ Casser la baraque

Section Eight:
La Planète Bleue—The Blue Planet   79-88

Tirer des plans sur la comète □ Bâtir des châteaux en Espagne □ Il n'y a pas le feu □ Ce n'est pas la mer à boire □ C'est au bout du monde □ Tomber des nues □ Ce n'est pas le Pérou □ C'est un travail de Romain □ N'être jamais sorti de son trou □ C'est la goutte d'eau qui fait déborder le vase

Section Nine:
C'est la Vie—That's Life 89-101

Être complètement allumé □ Être habillé comme l'as de pique □ Prendre un bain de foule □ Un vrai tas de boue □ Être branché □ Coincer la bulle □ Coller un élève □ Faire cavalier seul □ Faire sauter une contravention □ Une histoire à dormir debout □ Avoir des lettres □ Connaître la musique □ Être timbré

Foreword

Nonnative speakers of French can reach a point in their knowledge of the language where they feel comfortable with standard, formal speech. However, they're liable to get themselves in hot water when confronted with idiomatic expressions. When hearing an idiom such as *avaler des couleuvres* ("to swallow grass snakes"), they may feel frustrated and confused, since the true meaning of the idiom usually cannot be determined by a knowledge of its component parts. In many cases, attempts to tie down the definition of a French idiom to a *single* meaning that would work in all instances is a futile undertaking.

When native French-speakers use idioms, they sound natural and suitable to the occasion, since the speakers instinctively feel the imagery and impact of what they are saying. A nonnative speaker of French, on the other hand, may know the basic meaning of such expressions such as *manger les pissenlits par la racine* or *coincer la bulle*, but still might not be able to use them appropriately. For example, if someone told a French-speaking friend *Ma pauvre grand'mère. Ça fait trois jours qu'elle mange des pissenlits par la racine!* ("My poor grandmother. She's been pushing up daisies for three days now!"), the chances are that the French-speaker would be trying her hardest to hold back peals of laughter. Even with a fairly accurate idea of the meaning of an idiomatic expression, the nonnative lacks the intuitive feel for its impact or for the "picture" it creates.

101 French Idioms is designed to bridge the gap between the *meaning* and *impact* of French colloquialisms by providing a situation and a graphic illustration of that situation. In this way, the imagery created by the expression can be *felt*, rather than simply learned as a stock definition.

The book is divided into nine sections. The title of each section reflects an aspect of the natural world, the social world, or the world of the senses—all of which the reader can easily identify with.

Both the literal and actual meaning of each expression are presented here. The presentation of the literal meaning is deliberate, since in combination with the visual element, it leads you to the imagery that gave rise to the real meaning of the phrase. A short narrative or dialogue in French also accompanies each expression, showing it in a natural context and, thus, further clarifying its actual meaning and use in everyday speech. Translations of the narratives and dialogues have been provided at the back of the book as a further aid to understanding.

It is hoped that the natural tone of the language of the situations in which the French idiom is presented will help to convey the *feeling* of the idiom and the circumstances in which it may be used. The illustrations graphically depict the meaning of the components of the expressions, and not only add an element of humor, but also serve to highlight the contrast between the literal and actual meanings of the idioms presented in the text.

Two indexes are included to facilitate recall and location of the expressions; one lists idioms by key images and the other lists the idioms in alphabetical order.

101 French Idioms is intended for anyone who has an interest in learning more about French language and culture. Whether you are currently studying French, are planning a trip to a French-speaking country, or simply want to understand the French mind better, you will find yourself referring to this collection of colorful French idioms again and again.

Section One

En Parlant du Corps ...

Speaking about the Body ...

Avoir le bras long

(to have a long arm)
to have influence

A: J'ai appris qu'on allait construire en ville un nouveau terrain de football de 30 000 places, avec tous les équipements ultra modernes.

B: Oui, le maire a réussi à obtenir cinq millions de francs du gouvernement. J'ai lu ça dans le journal.

A: Cinq millions de francs ! Mais comment est-ce qu'il a fait ?

B: Oh, tu sais, notre maire est aussi sénateur et je crois qu'**il a le bras long.**

A: Peut-être. En tout cas, ce nouveau stade est une bonne chose pour notre ville. Et nous pouvons remercier le maire.

B: Oui, il a su **contacter tous les personnages importants qu'il connaît** et il a travaillé dans l'intérêt des citoyens.

1

Être un bourreau des cœurs

(to be an executioner of hearts)
to be a Casanova, to be a lady-killer

Mon ami Alain a beaucoup de chance: il est grand, musclé et il a un physique agréable. Il plaît beaucoup aux jeunes filles. En fait, **Alain est un** vrai **bourreau des cœurs.** Je le vois souvent se promener en ville avec de jolies filles et tout le monde dit qu'il a beaucoup de charme. **Il séduit toutes les femmes.**

Avoir le cœur sur la main

(to have one's heart on one's hand)
to be kindhearted, to give the shirt off one's back

Pierre était en train de lire son journal quand on a frappé à la porte: c'était un représentant de la Croix rouge qui collectait des vêtements pour les malheureux d'Afrique. Pierre, sans hésiter, a donné des chemises et une veste.

Ensuite, il est allé se promener en ville et il a rencontré un pauvre homme qui demandait la charité. Pierre lui a donné 100 francs.

Dans la soirée, le voisin de Pierre est venu le voir et lui a expliqué que sa voiture ne marchait pas. Pierre lui a aussitôt proposé de lui prêter sa propre voiture pour aller au travail le lendemain.

Pierre a vraiment **le cœur sur la main. C'est un homme généreux, toujours prêt à aider les autres.**

Se croire sorti de la cuisse de Jupiter

(to think oneself sprung from Jupiter's thigh)
to think a lot of oneself, to think of oneself as God's gift to the world

A: J'ai croisé Sophie Duchemin dans la rue ce matin et elle ne m'a pas dit bonjour.

B: Oui, elle est devenue très distante depuis quelque temps. C'est à cause de ce récent article de journal qui dit qu'elle est la meilleure élève de toutes les écoles de la ville.

A: J'avais remarqué. Elle est très froide avec ses anciennes amies.

B: Exactement ! Maintenant, **elle se croit sortie de la cuisse de Jupiter.**

A: Oui, **elle pense qu'elle est supérieure à tout le monde et elle a une attitude très désagréable envers les autres.**

Se mettre le doigt dans l'œil

(to put one's finger into one's eye)
to be entirely mistaken, to kid oneself

A: Papa, s'il te plaît, j'ai un exercice de maths très difficile à faire pour demain. Est-ce que tu peux m'aider ?

B: Bien sûr. Montre-moi ce que tu as déjà fait.

A: Euh . . . En réalité, je n'ai rien écrit . . .

B: Et tu penses que je vais faire l'exercice à ta place ! Alors, laisse-moi te dire que **tu te mets le doigt dans l'œil.**

A: Mais écoute, papa . . .

B: Arrête ! Je veux bien t'aider . . . Mais si tu crois vraiment que je vais tout faire et que tu vas simplement me regarder, **tu te trompes !**

A: D'accord, papa. Je te promets que je vais essayer de trouver la solution de l'exercice moi-même.

Tenir la jambe à quelqu'un

(to hold someone's leg)
to bore someone with endless conversation, to corner someone

Jacques est dessinateur de publicité. Il devait donner son dernier dessin à l'agence ce soir, mais il n'a pas pu travailler cet après-midi. Sa sœur est passée à son bureau et **elle lui a tenu la jambe** pendant plusieurs heures.

Jacques était furieux car sa sœur **n'a pas arrêté de parler et de raconter des choses sans intérêt.** Elle l'a ainsi empêché de finir son travail.

Avoir un poil dans la main

(to have a hair in one's hand)
to shy away from work, to avoid work at all costs

A: Chéri, il fait beau aujourd'hui et l'herbe a poussé. Il est temps de la couper.

B: Oui, oui. Mais je suis en vacances la semaine prochaine. Je le ferai à ce moment-là.

A: Et tu te rappelles que la porte du jardin est cassée depuis deux mois ? Tu m'as promis de la réparer.

B: D'accord. Je m'en occuperai demain.

A: Et tu dois aussi conduire les enfants à la piscine.

B: Pas de problème. J'irai dans une heure ou deux.

A: Chéri, tu exagères, **tu as** vraiment **un poil dans la main !**

B: Non, mais je n'aime pas improviser et . . .

A: Menteur ! ne cherche pas d'excuses. **Tu es simplement très paresseux.**

Tomber sur un os

(to fall on a bone)
to meet a difficulty, to hit a snag

A: Bonjour ! Je viens chercher ma télévision. Est-ce qu'elle est réparée ?

B: Non, pas encore. Voyez-vous, tout avait bien commencé, mais **je suis tombé sur un os.** C'est un vieux modèle de télé, que je connais mal.

A: Mais vous m'aviez dit de venir aujourd'hui pour la reprendre. Vous m'aviez promis qu'elle serait prête !

B: Je sais. Mais **j'ai rencontré une difficulté inattendue.** Revenez demain !

Casser les pieds à quelqu'un

(to break someone's feet)
to get on someone's nerves,
to bore someone stiff

A: Donc, nous sommes partis en vacances à Nice avec mon chien et
ma belle-mère. La voiture était trop chargée, alors nous avons
laissé une valise à la maison. Et, sur la route, il faisait très chaud
et nous nous sommes arrêtés près de Dijon pour boire de l'eau
dans un café. Mais c'était très cher et, en plus, le serveur n'était
pas aimable. Alors, le chien a commencé à . . .

B: Arrête ! **Tu me casses les pieds !** Ton histoire n'est pas du tout
intéressante. Et, en plus, tu la racontes très mal. Vraiment, **tu es
ennuyeux.**

Manger sur le pouce

(to eat on the thumb)
to have a quick snack, to grab a bite to eat

A: Bonsoir, chéri. Tu as l'air épuisé !

B: Oui, j'ai eu une journée très fatigante au bureau, avec beaucoup d'activité et de nombreux problèmes à résoudre. Nous avons eu une longue réunion le matin et je n'ai pas eu le temps de faire la pause-déjeuner à midi. J'ai acheté deux ou trois petites choses à l'épicerie et **j'ai mangé sur le pouce.**

A: Ne fais pas ça trop souvent ou tu auras des problèmes avec ton estomac ! Ce n'est pas bon de **manger trop vite, sans prendre le temps d'apprécier la nourriture.**

Tirer le diable par la queue

(to pull the devil by the tail)
to be hard up, to live from hand to mouth

A: Tu sais que Monsieur Chevalier, notre voisin, vient de perdre son travail ?

B: Ah bon ? C'est terrible parce que sa femme ne gagne pas beaucoup d'argent et leur fils, qui est à l'université, leur coûte cher.

A: Oui. Et je crois qu'ils ont emprunté beaucoup d'argent à la banque pour construire leur maison et ils ont des difficultés à rembourser.

B: Tout va mal pour eux. Leur vieille voiture est tombée en panne et ils vont être obligés d'en acheter une neuve. Je crois **qu'ils n'ont presque plus d'argent.**

A: Oui. En ce moment, j'ai vraiment l'impression que **nos voisins tirent le diable par la queue.**

Partir ventre à terre

(to leave belly-to-ground)
to leave in a flash, to race off

Raymond était en train de prendre son petit déjeuner au salon. Il devait partir pour New York en avion en fin de matinée, mais il avait tout son temps. Du moins le pensait-il . . .

Tout à coup, Raymond a eu l'idée de vérifier l'heure du départ de l'avion. C'est alors qu'il s'est rendu compte qu'il partait à 10 heures.

Il était 9 heures: Raymond avait donc seulement une heure pour aller à l'aéroport. Inutile de dire qu'**il est parti ventre à terre.**

Raymond a eu tout juste le temps de fermer sa valise et il **est allé** à l'aéroport **à toute vitesse.**

Section Two

Nos Amies, les Bêtes

Our Animal Friends

Faire l'âne pour avoir du son

(to play the donkey to get bran)
To play dumb

A: Je viens de voir Michel. Il ne savait pas que je changeais de travail.

B: Mais si ! Je le lui ai dit hier.

A: Il ne savait pas, non plus, que je déménageais à Marseille.

B: Si ! Je le lui ai dit aussi.

A: Alors, je ne comprends pas son attitude. Il a posé beaucoup de questions.

B: Moi, je comprends. **Il a fait l'âne pour avoir du son.**

A: Tu as raison. **Il a fait semblant de tout ignorer pour que je lui donne plus d'informations.**

Chercher la petite bête

(to look for the tiny beast)
to nitpick, to split hairs

A: Bonjour ! J'ai laissé hier ma voiture dans votre garage et je viens la reprendre. Elle est prête ?

B: Oui, nous avons changé les pneus, réparé l'accélérateur et changé l'huile.

A: Quels pneus avez-vous mis ? des XB normaux ou des SK spéciaux ?

B: Je ne sais pas. C'est un détail. Mais je vais regarder.

A: S'il vous plaît ! Et pour l'accélérateur, vous avez mis un câble standard ou un câble en acier renforcé ?

B: Franchement, il y a peu de différence. Ce n'est pas très important.

A: Je n'en suis pas sûr. Et l'huile ? Combien de litres d'huile avez-vous mis ?

B: À peu près quatre ou cinq litres.

A: Non, non. Je veux savoir exactement.

B: Monsieur, je crois que, là, **vous êtes en train de chercher la petite bête.**

A: Oui, je sais. **J'examine toujours les plus petits détails.**

Avoir le cafard

(to have the cockroach)
to have the blues, to be down in the dumps

A: Bonjour, Bernard. Comment vas-tu ? Tu as l'air déprimé !

B: Bonjour, Étienne. En fait, je ne vais pas très bien. Je viens de perdre mon travail et ma fiancée m'a quitté. **J'ai le cafard,** en ce moment.

A: Écoute, ne sois pas si triste ! La situation va s'arranger. Je suis sûr que, avec tous tes diplômes, tu vas retrouver du travail. Et ta fiancée reviendra.

B: Tu crois ?

A: Mais oui, **tu vois les choses en noir** aujourd'hui, mais tout ira mieux demain.

Appeler un chat un chat

(to call a cat a cat)
to call a spade a spade

A: Bonjour, Madame la Directrice. Vous m'avez demandé de venir vous voir à l'école ?

B: Oui, Monsieur Michaud. C'est au sujet de votre fils; nous avons des problèmes avec lui. Je ne sais pas comment vous dire ça, mais on a trouvé dans son manteau de l'argent qui, nous pensons, appartient à un autre élève et que . . .

A: Madame la Directrice, **appelez un chat un chat!** Vous voulez dire que mon fils est un voleur?

B: Oui, **disons les choses franchement.** Nous pensons qu'il a volé cet argent.

Entre chien et loup

(between dog and wolf)
at dusk, in the twilight

A: Bonjour, Monsieur. je suis l'inspecteur Dupont. La maison de votre voisin, Monsieur Bulot, a été cambriolée hier soir et je cherche le coupable.

B: Je sais, Inspecteur. Monsieur Bulot me l'a dit ce matin.

A: Bien, je voudrais vous poser quelques questions: est-ce que vous avez entendu du bruit hier soir ?

B: Non, je n'ai rien entendu. Mais j'ai vu deux hommes en voiture qui s'arrêtaient près de la maison de Monsieur Bulot.

A: Est-ce que vous pouvez décrire ces deux hommes ?

B: Non, pas vraiment. C'était **entre chien et loup** et je n'ai pas bien vu.

A: C'est dommage !

B: Désolé de ne pas pouvoir vous aider. Mais, quand la voiture s'est arrêtée, **la nuit tombait et il y avait peu de lumière.**

Sauter du coq à l'âne

(to jump from rooster to donkey)
to jump from one subject to another

A: Pour les vacances d'été, je crois que nous irons à la mer, sur la Côte d'Azur. Les enfants adorent se baigner et ma femme veut profiter du soleil.

B: Très bien, et . . .

A: Oui, le garagiste m'a dit que la batterie était morte et que je devais la changer.

B: Quoi ? Écoute, **tu sautes du coq à l'âne !**

A: Excuse-moi, je suivais ma pensée.

B: Oui, mais moi, j'ai des difficultés à suivre la conversation. **Ne change pas brusquement de sujet comme ça !**

Avaler des couleuvres

(to swallow grass snakes)
to put up with a lot, to swallow one's pride

Je viens de signer un contrat avec André Billon, le président de la grande compagnie de produits chimiques. Les négociations ont été difficiles et j'ai dû **avaler des couleuvres** pour arriver à mon but.

Par exemple, il m'a obligé à venir travailler chez lui un dimanche à 8 heures du matin. Un autre jour, il a pris son déjeuner pendant les discussions sans rien m'offrir à manger. Récemment, il a affirmé que ma secrétaire était incompétente et que je l'avais mal choisie.

Et j'étais obligé de **subir ces humiliations sans protester** parce que j'espérais obtenir ce contrat !

Poser un lapin à quelqu'un

(to lay a rabbit on someone)
to stand someone up

A: Bonjour, Antoine ! Qu'est-ce que tu fais sur ce trottoir avec un bouquet de fleurs à la main ?

B: J'attends Nathalie. Je l'ai invitée à dîner.

A: Mais il est déjà 9 heures du soir ! À quelle heure est-ce que tu avais rendez-vous avec elle ?

B: À 8 heures précises.

A: Alors, je crois qu'**elle t'a posé un lapin.** Je connais Nathalie: elle est très ponctuelle et je suis sûr maintenant **qu'elle ne viendra pas au rendez-vous.**

Courir deux lièvres à la fois

(to run after two hares at the same time)

to work both ends against the middle, to have one's finger in more than one pie

---

A: Annie, qui est ce garçon avec qui tu étais au cinéma samedi soir ?

B: Il s'appelle Denis. Il est beau, n'est-ce pas ?

A: Oui. Et il a l'air très sympathique. C'est ton nouveau fiancé ?

B: Pas exactement. Je l'aime bien, mais je trouve que Michel est plus intéressant.

A: Qui est Michel ?

B: Mais, si, tu le connais: il est dans ma classe. En plus, il est très grand et musclé, et j'aimerais bien qu'il m'invite en discothèque un soir.

A: Annie, fais attention ! J'ai l'impression que tu es en train de **courir deux lièvres à la fois !**

B: Je sais. Et tu penses que je ne devrais pas ?

A: Non, il n'est jamais bon de **poursuivre deux objectifs opposés en même temps.**

Avoir mangé du lion

(to have eaten lion's meat)
to have a tiger in one's tank, to have incredible energy

A: Je n'aime pas beaucoup ces retours de vacances. J'ai toujours du mal à me remettre au travail. En fait, j'ai envie de continuer à ne rien faire.

B: Allez ! Du nerf ! Nous allons commencer le nouveau projet de pont sur la rivière. Nous attaquons immédiatement et, à midi, les plans seront terminés.

A: Mais qu'est-ce que tu as ? **Tu as mangé du lion** ce matin ?

B: Oui, **j'ai beaucoup d'énergie et je suis toujours très dynamique** quand je reviens de vacances.

Une truie n'y retrouverait pas ses petits

(a sow wouldn't find her young in this place)

this place is a mess

A: Bernard, viens ici !

B: Oui, maman, où es-tu ?

A: Dans ta chambre. Viens et regarde ! Tes livres sont sur le lit, tes jouets sur le sol, tes vêtements ici et là. La radio est sur la chaise, le ballon sur le bureau. et il y a des papiers partout. **Une truie n'y retrouverait pas ses petits !**

B: D'accord, maman, j'avoue que **ma chambre n'est pas très bien rangée.** Mais je te promets que je vais faire un effort.

Manger de la vache enragée

(to eat meat from a rabid cow)
to go through hard times, to have very lean times

A: Dis donc ! Quelle jolie voiture ! Tu viens de l'acheter ?

B: Oui, c'est la dernière Renault de luxe. Elle est très bien équipée.

A: Alors, les affaires marchent bien, on dirait.

B: Oui, je ne me plains pas. Ma compagnie fait de gros bénéfices et je vis bien. Mais, tu sais, ça n'a pas toujours été comme ça.

A: Ah bon ?

B: Dans ma jeunesse, **j'ai mangé de la vache enragée.** Ma famille était très pauvre et je n'ai pas pu faire beaucoup d'études. J'ai été obligé de travailler très jeune et je gagnais un tout petit salaire parce que je n'avais pas de diplômes.

A: Je comprends. **Tu as vécu une période difficile.** Mais, heureusement, les choses vont mieux maintenant.

Retour à la Nature

Return to Nature

Faire un chèque en bois

(to make a wooden check)
to bounce a check, to write a rubber check

A: Qu'est-ce qui t'arrive, Lionel ? Tu n'a pas l'air content.

B: Non, pas du tout. Tu sais que j'ai vendu ma voiture à une dame, il y a trois jours ?

A: Oui, je me rappelle. Je crois que tu as fait une bonne affaire.

B: Je croyais aussi. Mais ma banque vient de me téléphoner: **la dame m'a fait un chèque en bois.**

A: Donc, la banque refuse de payer ce **chèque sans valeur** et tu as perdu cet argent.

B: Eh oui . . .

Casser du bois

(to break wood)
to smash up one's (car)

A: Mon frère vient d'avoir un accident de voiture au centre de Lyon.

B: Qu'est-ce qui s'est passé ?

A: Il y avait beaucoup de circulation; il n'a pas vu la voiture qui arrivait à sa gauche et il est rentré dedans.

B: Et alors ?

A: Rien de grave. Mon frère n'est pas blessé, mais **il a cassé du bois.**

B: Ah ? **La voiture est accidentée ?** Mais si ton frère n'a rien, c'est l'essentiel. L'assurance paiera.

Montrer de quel bois on se chauffe

(to show what sort of wood one uses to warm oneself)
to show what one is made of

A: Mon chéri, je suis allée au garage reprendre la voiture que tu avais laissée ce matin.

B: Et combien tu as payé ?

A: 3500 francs.

B: Quoi ? Mais c'est scandaleux ! Qu'est-ce que le mécanicien a fait sur cette voiture ?

A: Il a réparé le carburateur, il a remplacé la batterie et deux ou trois autres choses.

B: Mais je lui avais simplement dit de changer l'huile ! C'est malhonnête. Je vais au garage et le mécanicien va voir **de quel bois je me chauffe !**

A: Calme-toi. Téléphone d'abord.

B: Non, je vais **lui montrer qui je suis !** Je vais faire un scandale et je lui dirai ce que je pense de son attitude !

Ramasser une bûche

(to pick up a log)
to fall down [and hurt oneself], to take a bad fall

Les escaliers de la mairie sont en très mauvais état. Ils datent de 1890 et le bois n'est plus très solide.

Avant-hier, je descendais ces escaliers et une des marches s'est cassée. J'ai perdu l'équilibre et **j'ai ramassé une bûche.**

J'ai déposé une plainte parce que je considère que, si **je suis tombé,** c'est la faute de la mairie.

Enlever une épine du pied à quelqu'un

(to remove a thorn from someone's foot)
to get someone out of a jam

Il y a un mois, j'ai eu un accident avec un autre automobiliste. Il ne s'est pas arrêté au stop et il m'est rentré dedans. Mais il s'est enfui et je n'ai pas eu le réflexe de noter son numéro d'immatriculation.

Cela m'a créé des problèmes parce que ma compagnie d'assurances ne voulait pas me croire et elle refusait de payer.

Heureusement, une vieille dame avait tout vu et elle a dit à la compagnie d'assurances que je n'étais pas responsable de l'accident. **Elle m'a** vraiment **enlevé une épine du pied !**

Pour la remercier, je l'ai invitée au restaurant. C'est normal: **cette dame m'a** vraiment **délivré de mes inquiétudes et a résolu mon problème.**

Jeter des fleurs à quelqu'un

(to throw flowers to somebody)
to speak highly of someone, to sing the praises of someone

Madame Perron est très satisfaite de Mademoiselle Achard, la prof de maths de son fils. Elle m'a parlé de cette enseignante pendant dix minutes et elle n'a pas arrêté de **lui jeter des fleurs.**

Mademoiselle Achard est, semble-t-il, une excellente pédagogue et elle a un bon contact avec les jeunes enfants.

En tout cas, Madame Perron **fait l'éloge** de ce professeur et **dit que c'est une personne pleine de qualités.**

Couper l'herbe sous le pied de quelqu'un

(to cut the grass under someone's foot)
to pull the rug out from under someone, to cut the ground from under somebody's feet

---

10 heures 30

A: Alors, Hervé. Où cours-tu comme ça ?

B: Je vais voir le président-directeur général pour lui annoncer une grande nouvelle: les Japonais ont signé le contrat pour l'usine de Marseille.

A: Bravo !

11 heures

A: Alors, Hervé, comment ça s'est passé avec le P-DG ? Il était content de toi ?

B: Ça ne s'est pas passé exactement comme je l'avais prévu. Denis Boulanger est arrivé 30 secondes avant moi et **il m'a coupé l'herbe sous le pied:** c'est lui qui a annoncé la nouvelle au PDG.

A: Effectivement, ce n'était pas très gentil de la part de Denis Boulanger de **te frustrer de l'avantage** d'annoncer la nouvelle.

Manger les pissenlits par la racine

(to eat dandelions by the root)
to push up daisies

A: Je viens de lire un article de journal très intéressant. Il parle d'Albert Einstein. Cet homme est un génie. On devrait lui donner le Prix Nobel !

B: Euh . . . Denis . . . il faut que je te dise quelque chose: Einstein a déjà eu le Prix Nobel. En plus, ça fait longtemps qu'**il mange les pissenlits par la racine.** Tu devrais te cultiver un peu plus et tu saurais qu'**Einstein est mort et enterré.**

La Bonne Chère

Eating in Style

Couper la poire en deux

(to cut the pear in two)
to meet halfway

A: Combien vendez-vous votre voiture ?

B: Elle est en excellent état et elle a seulement 35 000 kilomètres. Je la vends 70 000 francs.

A: C'est un peu cher pour moi. Je vous en propose 60 000 francs.

B: Oh non ! Cette voiture est impeccable. Elle vaut vraiment 70 000 francs.

A: Peut-être. Mais je maintiens mon offre de 60 000.

B: Écoutez, **nous allons couper la poire en deux.** Donnez-moi 65 000 francs !

A: D'accord, **nous allons faire chacun des concessions.**

Faire le poireau

(to act like a leek)
to be kept waiting, to be left cooling one's heels

J'avais rendez-vous avec Émilie à huit heures, devant le cinéma. Je suis arrivé à huit heures moins cinq et j'ai attendu.

À huit heures, Émilie n'était pas là. À huit heures et quart, j'attendais encore. À huit heures et demie, Émilie est enfin arrivée. Mais **j'ai** quand même **fait le poireau** pendant 35 minutes. Et il pleuvait...

Ce n'est vraiment pas très agréable **d'attendre** sous la pluie pendant plus d'une demi-heure.

Tomber dans les pommes

(to fall into the apples)
to faint, to pass out

A: Alors ? Tu as réussi ton examen ? Tu es docteur maintenant ?

B: Oui. Je suis réellement heureux, et ma famille aussi. La plus heureuse, c'était ma grand-mère.

A: Comment est-ce qu'elle a réagi ?

B: Quand je lui ai annoncé la nouvelle, l'émotion a été si forte qu'**elle est tombée dans les pommes.**

A: Quoi ? Elle s'est évanouie ?

B: Oui. **Elle a perdu conscience** pendant quelques secondes. Mais je suis médecin . . . et je me suis occupé d'elle.

Tirer les marrons du feu

(to pull the chestnuts out of the fire)
to be used as a dupe or a tool

Le capitaine a envoyé le sergent Dufour et le soldat Maurois en mission dans la jungle.

Le sergent a donné les ordres, mais c'est Maurois qui a coupé les hautes herbes pour ouvrir la route, c'est lui qui a construit un petit pont sur la rivière, c'est lui aussi qui a tué les serpents. Et c'est encore lui qui a affronté le tigre.

Mais, à la fin de la mission, le capitaine a félicité le sergent. Le soldat Maurois est furieux d'**avoir tiré les marrons du feu** pour le sergent. **Il a pris tous les risques, fait tout le travail, et c'est un autre qui en tire profit.** Ça lui servira de leçon.

Se fendre la pêche

(to split one's peach)
to laugh uproariously, to laugh one's head off, to split one's sides

A: Quel temps épouvantable. Du vent ! De la pluie !

B: C'est une bonne occasion pour aller au cinéma. Justement, hier, je suis allé voir un festival de vieux films comiques en noir et blanc, avec Buster Keaton, Charlie Chaplin et Laurel et Hardy.

A: Tu as passé un bon moment ?

B: Oh oui ! **Je me suis fendu la pêche** pendant deux heures.

A: À l'époque, ils savaient faire d'excellents films avec des petits budgets.

B: Exactement. Je peux t'assurer que **j'ai beaucoup ri.** Les gags étaient très drôles et les acteurs parfaits.

Jeter de l'huile sur le feu

(to throw oil on the fire)
to stir up a quarrel, to add fuel to the fire

Quand Pierre est arrivé chez ses amis Julien et Sophie Martin, le couple était en train de se disputer. Julien reprochait à Sophie de ne pas savoir faire la cuisine; elle lui reprochait de ne pas passer assez de temps à la maison.

Au lieu de calmer ses amis, **Pierre a jeté de l'huile sur le feu:** il a insinué que Sophie cuisinait seulement des produits surgelés et il a invité Julien à sortir avec lui dans la soirée.

Le couple a continué à se disputer à cause de Pierre parce que, au lieu de les aider à faire la paix, **il leur a donné des raisons supplémentaires de poursuivre leur querelle.**

Tondre des œufs

(to shave eggs)
to be a skinflint

Claude, mon voisin, est un personnage un peu spécial; il cherche toujours à économiser le maximum d'argent. Quand il pèle des carottes ou des pommes de terre, il garde les pelures pour faire de la soupe. Chez lui, les vieux pots de moutarde servent de verres à vin. Et, quand il joue au golf, il attache ses balles avec une ficelle; comme ça, il est sûr de ne pas les perdre.

Je n'apprécie pas mon voisin car j'aime les gens généreux et **Claude est trop avare. Cet homme-là tondrait des œufs.**

Pédaler dans la semoule

(to pedal in the semolina)
to take leave of one's senses

A: Notre professeur d'histoire nous a dit que Christophe Colomb avait découvert l'Amérique en 1495.

B: Tu es sûr ? Ce n'est pas possible, il a dû se tromper.

A: Peut-être. Et il a aussi affirmé que l'Allemagne a gagné la Seconde Guerre Mondiale.

B: Oh là là ! J'ai l'impression que **ton prof d'histoire pédale dans la semoule.**

A: Oui, je crois qu'**il ne sait plus très bien ce qu'il dit.**

Cracher dans la soupe

(to spit in the soup)
to spoil something, so that it can only be enjoyed by you

Personne n'aime plus les tartes et les petits gâteaux que Bertrand. Chaque jour, il se gave de choux à la crème, de mille-feuilles et de pets-de-nonne. Il hante les pâtisseries de la ville et compte même plusieurs pâtissiers parmi ses meilleurs amis. Pourtant, il arrive que, invité à un dîner, Bertrand se montre insupportable. Une fois le dessert servi, il se met à faire la fine bouche: «Ah, Monsieur, vous ignorez sans doute que la tartellette que vous dégustez est constituée de plus de 80% de graisse. Et votre taux de cholestérol?» ou «Madame, ce savarin ne contient pas moins de 2.000 calories! Vous savez ce qu'on dit: "Cinq minutes dans la bouche, cinq ans sur les hanches!"» Un jour, pendant un dîner entre amis, Bertrand n'a pas pu résister à la tentation de démolir les desserts de tout le monde. Exaspéré, un de ses copains a fini par lui lâcher: «Mais arrête de **cracher dans la soupe**, Bertrand. Quand il s'agit de calories et de cholestérol, en fait c'est toi le champion incontesté. Alors, s'il te plaît, **arrête de critiquer ce que, toi, tu aimes le plus au monde!**»

Casser du sucre sur le dos de quelqu'un

(to break sugar on someone's back)
to talk about someone behind his or her back

Robert est un homme vraiment hypocrite. Il était à un cocktail avec son collègue Maurice et il n'a pas cessé de dire du bien de lui. C'était un collègue parfait, gentil et efficace, affirmait-il.

Mais, quand Maurice est parti, Robert a commencé à **lui casser du sucre sur le dos.** «Il travaille mal, disait-il, il n'est pas sympathique et il est toujours en retard.»

Je n'ai pas apprécié l'attitude de Robert qui **a dit beaucoup de mal de Maurice en son absence.**

La Vie au Quotidien

Life Day by Day

Rôtir le balai

(to roast the broom)
to lead the high life

A: Tu sais que Gérard a gagné 5 millions de francs au loto ?
B: Non ! pas possible ! et qu'est-ce qu'il fait de son argent ?
A: Il a acheté deux voitures de sport, il va tous les soirs dans les grands restaurants et il change de costume tous les jours.
B: Gérard ? Lui qui était si calme et si réservé ! Maintenant, **il rôtit le balai !**
A: Eh oui ! L'argent l'a complètement transformé. Maintenant, **il mène la grande vie.**

Mettre quelqu'un en boîte

(to put someone in a box)
to make fun of someone,
to pull someone's leg

A: Tu te souviens de mon collègue Gérard ? Celui qui portait toujours des cheveux très longs ?

B: Ah oui ! Je crois que vous l'aviez surnommé «le hippie» ?

A: C'est ça. Eh bien, ce matin, il est arrivé au bureau avec les cheveux coupés très courts. Bien sûr, **nous l'avons** tous **mis en boîte** et nous lui avons demandé s'il avait l'intention de s'engager dans l'armée ou s'il était passé trop près d'un hélicoptère . . .

B: Je vois. **Vous vous êtes moqués de lui** avec les vieilles plaisanteries habituelles.

Tirer la couverture à soi

(to pull the blanket to oneself)
to take the lion's share, to take all the credit

Georges avait découvert un nouveau médicament contre la malaria, mais son collègue Maurice a eu l'idée de fabriquer de belles pilules roses, il a inventé un tube spécial et il a créé une boîte pratique et très colorée.

Et, quand le médicament a été commercialisé, **Maurice a tiré la couverture à lui.** Les journalistes l'ont interviewé, la télévision est venue et on l'a filmé.

Maurice n'a jamais mentionné le nom de Georges et **il a tiré tous les avantages de l'opération.**

Tomber les quatre fers en l'air

(to fall down with four horseshoes up in the air)
to fall flat on one's back

Il est arrivé une drôle d'aventure à Michel. C'était le jour du mariage de sa sœur et il a voulu faire une photo de toute la famille. Il a réuni tout le groupe et il a pris son appareil photo. Comme il ne voyait pas tout le monde, il a reculé; ça n'allait pas et il a encore reculé sans regarder. Il n'a pas vu la grosse branche et **il est tombé les quatre fers en l'air.**

Heureusement, il ne s'est pas fait mal. **Il est tombé sur le dos** mais il y avait un tas de feuilles mortes.

Être une vraie girouette

(to be a true weather vane)
to change with the weather

Avec Thierry, nous avons fait des projets pour le week-end toute la semaine.

Lundi, il a affirmé qu'il voulait passer le samedi et le dimanche à la plage, mardi c'était une promenade en forêt. Mercredi, il voulait rester à la maison regarder la télé et, finalement, il a décidé que ce serait un pique-nique près de la rivière.

Ce garçon est une vraie girouette. Il est impossible de savoir vraiment ce qu'il aime ou ce qu'il veut. **Il change tout le temps d'opinion.**

Passer au peigne fin

(to pass through a fine comb)
to search thoroughly, to go through something with a fine-toothed comb

A: La maison de mon voisin a été cambriolée la nuit dernière. Les voleurs ont pris de l'argent, des bijoux et des tableaux.

B: Ton voisin a appelé la police ?

A: Bien sûr. Trois inspecteurs sont venus ce matin et **ils ont passé le jardin au peigne fin** pour essayer de trouver des traces des voleurs.

B: Oui. C'est la première chose à faire. Il faut **chercher partout** autour de la maison. Un infime détail peut aider la police à trouver les coupables.

Envoyer quelqu'un aux pelotes

(to send someone to the balls of yarn)
to send someone away, to send someone about his or her business

Mon collègue Pierre Marchand est venu me déranger dans mon bureau à deux heures. J'avais beaucoup de travail et il est resté à me parler de sa nouvelle voiture pendant une demi-heure.

Il est revenu vers quatre heures discuter de sa belle-mère alors que j'étais au téléphone avec un client de Bordeaux.

A cinq heures, Pierre est revenu dans mon bureau alors que j'étais en rendez-vous. À ce moment-là, j'ai perdu patience et **je l'ai envoyé aux pelotes.** Je lui ai dit que j'avais un travail urgent à finir, que je ne voulais pas être dérangé, et **je lui ai demandé de partir.**

Tourner autour du pot

(to circle around the pot)
to beat around the bush

A: Mon petit papa chéri, tu as une jolie cravate aujourd'hui. Tu veux que je t'apporte le journal ? Tiens ! il fait très beau cet après-midi et l'eau du lac doit être chaude. C'est sûrement agréable de s'y baigner. Mais le lac est loin, je ne peux pas y aller à pied et mon vélo est cassé. C'est dommage, ça doit être bien agréable . . . Tant pis.

B: Stop ! Arrête de **tourner autour du pot !** Tu veux que je t'emmène au lac en voiture, c'est ça ?

A: Euh oui . . .

B: Alors, **parle directement du sujet.** Demande-le-moi ! Et va chercher ton maillot de bain !

Payer les pots cassés

(to pay for the broken pots)
to pay the piper, to suffer the consequences

Mon chien s'est échappé de la maison et il est allé à la ferme voisine. Là, il est devenu fou et il a commencé à courir partout. Puis, il a vu les poules et il les a attaquées. Finalement, il a tué deux poules et il les a mangées.

Bien sûr, le fermier a identifié mon chien et il est venu à la maison. J'ai dû **payer les pots cassés.**

Le fermier était très content, mais pas moi: c'est mon chien qui a causé tous ces dégâts et c'est moi qui en **ai subi les conséquences.**

Passer un savon à quelqu'un

(to pass a bar of soap to someone)
to reprimand someone, to give someone a good dressing-down

Mon fils, qui a 14 ans, voulait sortir hier soir avec des copains. Il m'a demandé l'autorisation de rentrer à minuit.

Comme il avait bien travaillé à l'école, j'ai donné mon accord, mais je lui ai fait promettre d'être à la maison à minuit.

J'ai lu toute la soirée et j'ai attendu qu'il rentre. Mais, à minuit, il n'était pas là. J'étais vraiment inquiet. En fait, il est revenu à deux heures du matin. Je l'ai attendu et, quand il est arrivé, **je lui ai passé un savon !**

J'étais très en colère et **je l'ai sévèrement réprimandé** en lui disant que, quand on fait une promesse, on doit la tenir.

Tirer les sonnettes

(to pull doorbells)
to network, to put the word out about something

Ce matin, j'ai reçu une visite inattendue. Pierre Maréchal est venu me voir au bureau. Quelle surprise ! Je ne l'avais pas vu depuis 20 ans. Nous étions des amis à l'université de Lille, mais la vie nous avait séparés.

Pierre m'a expliqué qu'il avait perdu son travail et il m'a demandé de l'aider. Je lui ai donné deux ou trois numéros de téléphone, mais c'est tout ce que j'ai pu faire.

J'ai l'impression que **Pierre tire les sonnettes** pour trouver un nouveau travail. Je crois qu'**il va prendre contact avec tous ses amis et tous les gens qui peuvent l'aider.**

Se mettre à table

(to sit down at the table)
to confess [to the police], to come clean

Un vol a été commis à la bijouterie de l'avenue de Gaulle. Quelqu'un a cassé la vitrine et a pris les bagues et les colliers. Mais le voleur s'est coupé avec le verre et il a laissé quelques gouttes de sang.

La police a travaillé vite et elle a arrêté Riton. Celui-ci n'a pas voulu admettre qu'il était coupable. Mais, quand les policiers lui ont parlé du sang, **Riton s'est mis à table.**

Ce détail constituait une preuve contre lui et **Riton a avoué** qu'il avait volé les bijoux. Il a tout raconté à la police.

Section Six

Le Bric-à-Brac

Odds and Ends

Saisir la balle au bond

(to seize the ball on the rebound)
to seize the opportunity, to jump at the opportunity

A: Edouard ! la petite maison bleue au coin de la rue avec le grand jardin, tu sais, celle que tu aimes beaucoup . . .

B: Oui, je la regarde chaque fois que je passe devant et je rêve de l'habiter.

A: Eh bien, j'ai une bonne nouvelle pour toi: le propriétaire veut vendre sa maison.

B: Chouette ! il faut **saisir la balle au bond !** Je cours immédiatement à la banque.

A: Tu as raison. Il faut toujours **profiter des occasions favorables** qui se présentent.

Mettre des bâtons dans les roues de quelqu'un

(to put sticks in someone's wheels)
to throw a monkey wrench into someone's business

Quand j'ai ouvert mon magasin de chaussures dans la rue de la République, il y avait déjà un autre marchand de chaussures.

Il a immédiatement essayé de **me mettre des bâtons dans les roues.** Il a dit du mal de moi à tous mes voisins, il est allé à la banque raconter que j'étais malhonnête et il a demandé au maire de faire fermer mon magasin.

Ce monsieur a vraiment tout fait pour **me créer des problèmes et m'empêcher de travailler normalement.**

Reprendre ses billes

(to take back one's marbles)
to renege on a deal

A: Alors, comment marche ton usine de raquettes de tennis ?

B: Pas très bien. Tu te rappelles que, pour commencer, je m'étais associé avec Paul Mirambeau parce que je n'avais pas assez d'argent ?

A: Oui. Paul est très riche et il t'a aidé à acheter le matériel.

B: C'est exact. Et notre association a bien fonctionné. Mais, maintenant, il en a assez de fabriquer des raquettes et il veut **reprendre ses billes** pour faire autre chose.

A: Mais c'est une catastrophe pour toi ! Et qu'est-ce que tu vas faire si Paul **reprend l'argent qu'il a investi** et s'en va ?

B: Je ne sais pas. Peut-être chercher un autre associé.

Un coup d'épée dans l'eau

(a sword blow into the water)
a wasted effort

Hier, il faisait beau et je suis allé à la mer avec mes enfants. Quand je suis arrivé, le parking était complet et j'ai garé ma voiture sur la plage.

Nous sommes partis nous baigner et profiter du soleil. Mais, quand nous sommes revenus à la voiture, une mauvaise surprise nous attendait: les roues étaient dans le sable.

Alors, j'ai mis le moteur au maximum et j'ai demandé aux enfants de pousser la voiture, mais c'était **un coup d'épée dans l'eau.**

Cette manoeuvre inutile nous a fait perdre beaucoup de temps et d'énergie. Finalement, nous avons sorti la voiture du sable en mettant des planches sous les roues.

Ronger son frein

(to gnaw one's bit)
to champ at the bit, to barely contain one's impatience

Armand avait de grands espoirs cette année. En effet, le directeur avait annoncé qu'il aurait besoin d'un adjoint et qu'Armand était l'homme idéal pour ce poste.

Or, il y a un mois, le directeur a déclaré qu'il prenait comme adjoint son propre fils, pour le former pendant un an.

Depuis, **Armand ronge son frein.**

Il est vraiment impatient de devenir le nouvel adjoint du directeur, mais **il est obligé d'attendre en silence encore quelques mois.**

Il tombe des hallebardes

(halberds are falling)
it's raining cats and dogs

A: Jean-Claude ! j'ai besoin de pommes de terre. Cours à l'épicerie et achètes-en deux kilos !

B: Mais, maman, regarde dehors ! **Il tombe des hallebardes.**

A: Alors, prends un parapluie.

B: Mais **il pleut très fort.** Même avec un parapluie, je vais me mouiller. Je préfère attendre quelques minutes.

Avoir les jetons

(to have tokens)
to be scared, to have the jitters or the willies

Quand j'étais un jeune garçon, mes parents m'obligeaient à prendre des cours de piano. L'hiver, c'était très désagréable car je sortais de l'école de musique à 18 heures et il faisait nuit.

Mes parents habitaient à l'extrémité de la ville, près du cimetière. Pour rentrer chez moi plus vite, je choisissais parfois de traverser le cimetière. Mais, la nuit, quand il pleuvait et que le vent soufflait fort, **j'avais les jetons.**

Plus tard, j'ai grandi, je suis devenu plus raisonnable et j'ai compris que je n'avais pas de raison **d'avoir peur.**

Voir le monde par le petit bout de la lorgnette

(to see the world through the small end of a spyglass)
to exaggerate about oneself, to get things out of proportion

A: Monsieur Chevalier m'a dit que son fils allait entrer dans une université prestigieuse et faire une grande carrière.

B: Mais non. Il continue simplement ses études.

A: Ah bon ? Et il m'a dit aussi qu'il avait acheté une limousine de luxe.

B: Non. Il a simplement acheté une voiture ordinaire. Monsieur Chevalier a tendance à **voir le monde par le petit bout de la lorgnette.**

A: Oui, maintenant, je me rends compte qu'**il voit les choses en les exagérant.**

Être dans les petits papiers de quelqu'un

(to be in someone's little papers)
to be in someone's good graces, to be on someone's good side

A: Pierre ! quelle bonne surprise ! comment vas-tu ?

B: Pas très fort. Je cherche du travail depuis un mois et je ne trouve rien.

A: Mais je peux t'aider ! Je vais téléphoner au sénateur. Je suis sûr qu'il aura quelque chose pour toi.

B: Au sénateur ?

A: Oui. **Je suis dans ses petits papiers.**

B: Ah bon ? Je ne savais pas que **tu étais en aussi bon termes avec lui et qu'il était prêt à te rendre service.**

Être au bout du rouleau

(to be at the end of the roll)
to be at the end of one's rope

Jacques n'a jamais eu de chance dans la vie. Il y a six mois, il a divorcé, puis sa fille a été expulsée de l'université, il a eu un grave accident de voiture et, la semaine dernière, il a perdu son travail.

Maintenant, **Jacques est au bout du rouleau.** Après tous ces malheurs successifs, **il a perdu l'espoir.** Je souhaite que les choses s'arrangent bientôt pour lui.

Couper le sifflet à quelqu'un

(to cut off someone's whistle)
to interrupt someone, to cut someone short

Le Président de la République a fait récemment un long voyage dans toute la France. Tout s'est bien passé partout sauf à Lyon.

Le président était en train de faire un discours sur l'économie française quand **un jeune** insolent **lui a coupé le sifflet** et a déclaré qu'il n'était pas d'accord avec lui.

La télévision, la radio et les journaux ont beaucoup parlé de ce jeune homme qui **a interrompu** le président.

Être sous les verrous

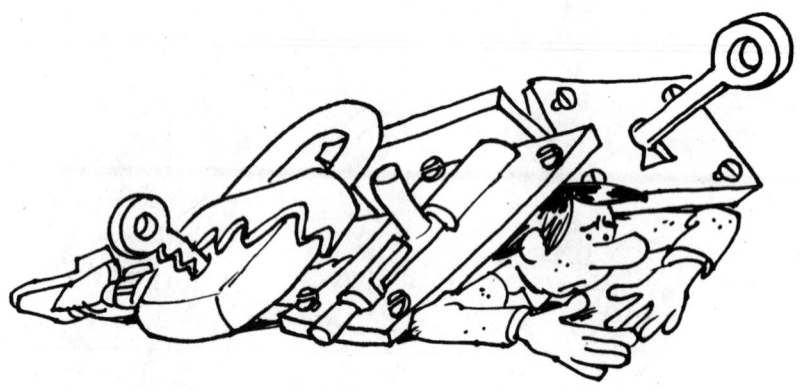

(to be under the bolts)
to be under lock and key

Trois personnes ont été tuées à Paris dans la nuit de mercredi à jeudi. La police a immédiatement commencé son enquête et elle a rapidement retrouvé le meurtrier.

Celui-ci avait perdu un bouton de son manteau et cet objet a permis à la police de l'identifier.

Aujourd'hui, **le coupable est sous les verrous** et il attend d'être jugé.

Le meurtrier va sans doute **rester en prison** de longues années.

Ramasser une veste

(to pick up a jacket)
to lose one's shirt, to lose badly
[in an election]

A: Alors ? Est-ce que les résultats des élections sont connus ? Est-ce que Monsieur Richaud, le maire, est réélu ou est-ce que son adversaire a gagné ?

B: J'ai les résultats. **Monsieur Richaud a ramassé une veste.** Il a 3823 voix et son adversaire a 8742 voix.

A: Oh ! Monsieur Richaud **a nettement perdu les élections.** Nous avons donc un nouveau maire.

Avoir l'air d'une poule qui a trouvé un couteau

(to look like a hen that has found a knife)
to look puzzled or baffled

A: Je passais dans le quartier et j'ai décidé de venir voir tes nouveaux bureaux.

B: Tu as bien fait. Viens ! Je vais te faire visiter.

A: Oh ! c'est beaucoup plus grand qu'avant ! Et c'est bien équipé. Mais qu'est-ce que c'est que cette étrange machine ?

B: Ah ! ah ! ah ! tu es comique ! **Tu as l'air d'une poule qui a trouvé un couteau.** Mais c'est un télécopieur ou, si tu préfères, un fax.

A: Ah bon ! Mais pourquoi est-ce que tu ris ?

B: Je regarde ta tête. **Tu sembles** vraiment **très surpris** par cette machine et ton visage a une expression amusante.

Petite Ballade en Ville

Walking around Town

Jeter l'argent par les fenêtres

(to throw money through the windows)
to squander money, to throw money out the window

A: Mon chéri, regarde ce que j'ai acheté cet après-midi au centre commercial !

B: Qu'est-ce que c'est ? Un nouveau gadget ?

A: Exactement. C'est une tasse à café qui donne l'heure et la température.

B: Quoi ! mais **tu jettes** vraiment **l'argent par les fenêtres !** Tu sais que nous avons des problèmes financiers et **tu achètes des choses complètement inutiles !**

Brûler les étapes

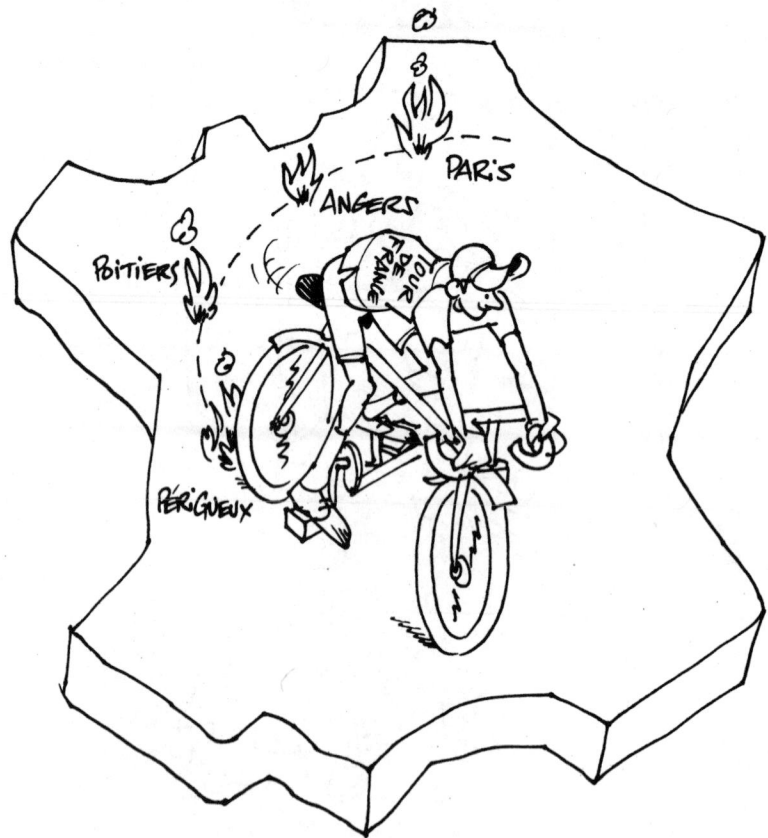

(to burn all the stops in between)
to go on without stopping,
to go faster than expected

A: Bonjour, Monsieur. Le train Paris-Toulouse part bien à 8 heures 47?

B: Oui.

A: Parfait. Alors, je voudrais un billet aller-retour pour Souillac. deuxième classe. Non-fumeur.

B: Désolé, Monsieur. C'est impossible. Le Paris-Toulouse de 8 heures 47 ne s'arrête pas à Souillac. **Ce train brûle les étapes.**

A: Ah ! **il ne s'arrête pas dans les petites villes ?** Alors, je vais prendre le train de 10 heures 12. J'espère qu'il s'arrête à Souillac.

Être au four et au moulin

(to be at the oven and at the mill)
to be in two places at one time

A: Papa, s'il te plaît ! j'ai cassé ma petite voiture. Viens la réparer !

B: J'arrive, Vincent.

C: Papa ! viens m'aider ! J'ai un problème avec mon devoir de maths.

B: Oui. Une minute, Annie.

D: Mon chéri, tu peux venir à la cuisine, s'il te plaît ? J'ai besoin de ton aide pour faire la mayonnaise.

B: Arrêtez ! Arrêtez tous ! Je ne peux pas **être au four et au moulin!**

D: Pardon. C'est vrai que tu **ne peux pas faire plusieurs choses en même temps.**

Faire le mur

(to do the wall)
to escape, to go over the wall

Albert était gravement malade et on l'a hospitalisé. Mais les médecins sont très efficaces et Albert va mieux maintenant. Mais il s'ennuie: quinze jours dans un hôpital, c'est long !

Albert voudrait bien rentrer chez lui, au moins pour quelques heures, mais les médecins l'ont interdit.

Un jour, Albert en a eu assez et **il a fait le mur** en pyjama. Il a arrêté un taxi devant l'hôpital et il est rentré chez lui.

Pendant ce temps, l'infirmière a trouvé le lit d'Albert vide et elle a compris qu'**il s'était échappé.** Elle a prévenu la police et Albert a eu des ennuis.

Raser les murs

(to shave the walls)
to keep a low profile

Théodore Berton était une personnalité de la ville de Toulouse. Il possédait deux yachts et dix voitures de sport. Il était invité à tous les cocktails, à toutes les grandes soirées. On voyait sa photo dans tous les journaux de la ville.

Puis, un jour, on a découvert que Théodore Berton était malhonnête et ça a causé un énorme scandale. Depuis, **il rase les murs,** il sort très peu de chez lui, on ne voit plus sa photo dans les journaux. Théodore ne veut plus qu'on parle de lui **et il est très discret.**

Tenir le haut du pavé

(to hold the top of the cobblestone)
to be one of the upper crust, to travel in the best company

À dix-huit ans, Léopold a décidé de quitter l'école et de tenter sa chance à Paris. Il est donc parti de son village et il s'est installé dans une petite chambre du Quartier Latin.

Il a commencé à écrire des livres, mais aucun éditeur ne voulait le publier. Puis, un jour, le succès est venu. Son roman, «Le chat du paradis», a été vendu à un million d'exemplaires. Il a été adapté au cinéma et c'est devenu un film célèbre.

Depuis, **Léopold tient le haut du pavé.** Il a écrit d'autres livres et tout le monde l'admire. Dans le monde de la littérature française, **il est considéré comme le plus grand.**

Sauter au plafond

(to jump to the ceiling)
to be very, very angry (and surprised), to hit the ceiling

Mon voisin, Monsieur Leblond, vient d'acheter une échelle ultra moderne, qu'il a payée très cher.

Ce matin, je suis allé chez lui pour emprunter cette échelle car je voulais monter sur le toit de ma maison pour voir si ma cheminée était obstruée.

Pas de chance ! Le sol était humide, l'échelle a glissé et elle s'est cassée.

Quand j'ai annoncé la nouvelle à mon voisin, **il a sauté au plafond.** Cette échelle coûtait cher, disait-il, et il en avait besoin. **Il était très en colère.**

Faire le pont

(to make the bridge)
to take a long weekend

Cette année, Noël tombe un jeudi. Ce n'est pas très intéressant car, normalement, nous devrons revenir travailler le vendredi.

Mais je crois que le directeur sera compréhensif et que **nous ferons le pont.**

Je pense qu'il décidera que nous ne travaillerons pas le vendredi et **nous aurons ainsi quatre jours de vacances consécutifs.**

Mettre la clef sous la porte

(to put the key under the door)
to stop a professional activity, to close down a business

Il y a quatre ans, Raymond a ouvert une petite épicerie dans la rue principale de la ville. Les affaires marchaient bien, il y avait beaucoup de clients qui venaient au magasin.

Mais l'année dernière, un grand supermarché a ouvert ses portes au centre-ville et Raymond a commencé à perdre des clients. Il a essayé de résister, mais le combat était trop inégal. Finalement, **il a mis la clef sous la porte.**

Toute la ville était triste de voir **Raymond arrêter ses activités,** mais c'est la loi du commerce.

Casser la baraque

(to break the shack)
to spoil something that someone else has built up

Pierre a rencontré Marie à la terrasse d'un café et tout de suite c'était le coup de foudre! Il s'est mis en quatre pour lui faire une cour assidue et après quelques mois, Pierre et Marie se sont fiancés. Pierre se rejouissait de son projet de vie commune, mais il gardait le plus grand secret sur son passé: il était divorcé. Un jour, par hasard, le couple a rencontré dans la rue un ami de la première femme de Pierre. Sans le savoir, cet homme-là lui allait **casser la baraque.** Pendant la conversation, l'homme a tout naturellement mentionné la première femme de Pierre. Marie, renversée par la nouvelle, a immédiatement rompu les fiançailles. **Cet homme,** sans le vouloir, **a gâché tous les projets de bonheur de Pierre.**

Section Eight

La Planète Bleue

The Blue Planet

Tirer les plans sur la comète

(to draw up plans on the comet)
to count one's chickens before they've hatched

A: Quand j'aurai terminé mes études à l'université, je serai ingénieur. Je vais créer une usine et je fabriquerai un nouveau moteur qui fonctionnera à l'eau de mer et que j'aurai inventé. Puis . . .

B: Je crois que tu es en train de **tirer des plans sur la comète.** D'abord, tu dois obtenir ton diplôme.

A: Tu as raison. Je suis en train de **rêver et de faire des projets un peu fous.**

Bâtir des châteaux en Espagne

(to build castles in Spain)
to build castles in the air

A: Qu'est-ce que vous faîtes cet été ?

B: Nous avons de grands projets. Je pense que nous irons visiter les Caraïbes en bateau et si nous trouvons une île qui nous plaît, nous l'achèterons.

A: Vous l'achèterez ?

B: Oui. Et nous installerons dessus un aéroport, puis nous ouvrirons des hôtels et . . .

A: Paul, s'il te plaît, arrête de **bâtir des châteaux en Espagne.**

B: Tu as raison de me rappeler à la réalité. Je crois que je suis en train de **faire des projets irréalisables.**

Il n'y a pas le feu

(there's no fire)
calm down, we're in no hurry; where's the fire?

A: Antoine, tu es prêt ?

B: Non, je n'ai pas fini de m'habiller.

A: Ecoute, dépêche-toi un peu ! Nous avons promis à Monsieur et Madame Pilon d'arriver chez eux à midi, pour le déjeuner !

B: Calme-toi ! **Il n'y a pas le feu !** Il faut 25 minutes pour aller chez eux et il est à peine onze heures et quart.

A: D'accord. **Nous avons encore un peu de temps.** Mais fais un effort. Si tu continues comme ça, nous finirons par être en retard.

Ce n'est pas la mer à boire

(it's not the sea to drink)
it's not as bad as all that, it's not
asking the impossible

A: Ce n'est pas tous les jours facile d'être journaliste. Mon chef veut que j'écrive un article d'une page sur Sylvie Pardonc, la nouvelle star de la chanson française. Et, en plus, il veut une interview.

B: Mais pourquoi est-ce que tu te plains ? Ça doit être agréable de passer quelques instants avec la jolie Sylvie.

A: Non. Parce que, en plus, je n'aime pas du tout son style de chansons. Et je n'ai absolument pas envie de l'interviewer.

B: Allons, allons ! **Ce n'est pas la mer à boire.**

A: Je sais que **ce n'est pas très difficile.** Mais, pour moi, ce n'est pas ce que j'appelle un travail agréable.

C'est au bout du monde

(it's at the end of the world)
it's halfway around the world

A: Chéri, j'ai besoin de thym et d'une ou deux autres plantes aromatiques pour ma sauce. Je sais qu'on en trouve au magasin de Monsieur Larivière. Tu veux bien y aller ?

B: Quoi ? Mais **c'est au bout du monde !** Ça va me prendre au moins une heure en voiture.

A: Tu exagères un peu . . .

B: Pas du tout. **C'est très loin !** Le magasin de Monsieur Larivière est à l'autre extrémité de la ville.

Tomber des nues

(to fall from the clouds)
to fall off one's chair, to be completely taken aback

A: Je viens d'apprendre une nouvelle extraordinaire. Tu connais Isabelle qui est en deuxième année de mathématiques à l'université ?

B: Bien sûr. Elle doit épouser mon cousin Edmond le mois prochain.

A: Pas du tout. Elle vient de m'annoncer qu'elle va se marier avec son prof de maths.

B: Là, **je tombe des nues !** Je ne le savais absolument pas. C'est une **vraie surprise pour moi.** Je ne sais pas quoi dire.

Ce n'est pas le Pérou

(it's not Peru)
it's nothing to write home about,
it's no great fortune

A: Ça y est, tu as ton diplôme de biologiste ?

B: Oui, et j'ai même trouvé du travail.

A: Déjà ? Mais tu viens à peine de terminer tes études à l'université!

B: Oui, mais une grande compagnie d'aliments pour animaux m'a contacté et m'a proposé un poste.

A: C'est bien payé ?

B: On m'offre un salaire de 7500 francs par mois. **Ce n'est pas le Pérou,** mais ça me permet de commencer à travailler immédiatement.

A: **Ce n'est pas un très bon salaire,** c'est vrai, mais entrer dans cette compagnie est déjà une chance. Et puis, c'est le début . . . Tu pourras progresser ensuite et tu seras mieux payé.

C'est un travail de Romain

(it's a job for a Roman)
it's a long and difficult task,
a Herculean task

A: Madame Leclerc, la directrice de la bibliothèque, m'a demandé de l'aider pendant les vacances de Noël. J'ai accepté spontanément sans lui demander ce qu'il y avait à faire. Si j'avais su, j'aurais refusé.

B: Pourquoi donc ?

A: Parce que Madame Leclerc veut que je regarde un à un les 20 000 livres de la bibliothèque et que je vérifie si tous ces livres portent un numéro de référence. Mais **c'est un** vrai **travail de Romain !**

B: Tu as raison. Je crois que ça va occuper absolument toutes tes journées de vacances. Ça représente **un travail énorme.**

N'être jamais sorti de son trou

(never to have come out of one's hole)
to have never been out of one's own backyard, to live in a cave

A: C'est gentil de m'avoir invité à ce diner. Il y a beaucoup de monde, n'est-ce pas ?

B: Oui, trente personnes environ.

A: Dis-moi, pendant que nous prenions l'apéritif, j'ai parlé avec ce monsieur en veste rouge, là-bas. Il est bizarre. Je lui ai dit que j'avais de nombreux disques compacts de musique classique et il m'a demandé ce que c'était qu'un disque compact.

B: Ça ne m'étonne pas. C'est mon cousin. **Il n'est jamais sorti de son trou.** C'est la première fois qu'il vient à Paris et **il connaît mal les nouvelles technologies.**

C'est la goutte d'eau qui fait déborder le vase

(it's the water drop that makes the vase overflow)
it's the last straw, it's the straw that broke the camel's back

---

A: Maman, je veux aller au parc ! Je veux aller au parc !

B: D'accord ! Nous y allons. Mais calme-toi ! une glace !

A: Maman, achète-moi une glace ! une glace ! une glace !

B: Oui, oui. Mais tais-toi, tu m'énerves !

A: Maman, j'ai laissé tomber ma glace sur ma chemise.

B: Quoi ? Mais tu es impossible, vraiment !

A: Maman, je veux une autre glace !

B: Ah non ! Ça, **c'est la goutte d'eau qui fait déborder le vase.** Nous rentrons tout de suite à la maison et tu seras puni. **Je ne peux plus tolérer tes exigences. Trop c'est trop !**

C'est la Vie

That's Life

Être complètement allumé

(to be completely lit up)
to be crazy

A: Où est-ce que vous allez comme ça ?

B: Il y a un spectacle sensationnel en ville. Un champion de moto va essayer de sauter au-dessus de seize autobus alignés côte à côte.

A: Mais **ce type est complètement allumé !**

B: Oui, je crois aussi qu'il **n'est pas très raisonnable,** mais ce qu'il va faire est exceptionnel. Viens avec nous, il faut voir ça !

Être habillé comme l'as de pique

(to be dressed like the ace of spades)
to be dressed like a scarecrow, to be dressed any which way

A: Bonjour, papa ! Bonjour, maman ! Le petit déjeuner est prêt ?

B: Oui. Mais qu'est-ce qui t'arrive ? Tu n'es pas peigné . . . Et **tu es habillé comme l'as de pique !**

A: Je sais. Je n'ai pas entendu le réveil sonner. Je me suis précipité dans la salle de bain et je me suis **habillé très vite, sans faire attention aux vêtements que je mettais.**

B: Arrête de courir trente secondes et boutonne au moins ta chemise!

Prendre un bain de foule

(to take a crowd bath)
to mingle with the crowd

Le Premier ministre a pris hier le TGV (Train à Grande Vitesse) pour aller à Marseille inaugurer la statue de Marcel Pagnol.

Il a profité de l'occasion pour faire un long discours et défendre la littérature et la langue françaises. Il a été très applaudi par les 10 000 personnes présentes.

Ensuite, **le Premier ministre a pris un bain de foule.** Comme il faisait très beau, il **a fait 200 mètres à pied dans la foule, il a serré des mains et il a posé pour des photos.** Une petite fille lui a offert un bouquet de fleurs et cela a fait une jolie photo pour les journalistes.

Un vrai tas de boue

(a real heap of mud)
an old car in poor condition,
a heap or rattletrap

A: Mais qu'est ce que tu fais sur ce trottoir ? Tu as l'air bien enervé . . .

B: J'essaie d'arrêter un taxi depuis un quart d'heure. J'ai un rendez-vous et je vais être en retard.

A: Pas de problème ! J'ai ma voiture à côté d'ici. Je t'emmène !

B: Ah non ! Je ne monterai pas dans ta voiture. C'est **un vrai tas de boue.**

A: D'accord, **c'est un vieux véhicule et il n'est pas très performant.** Mais, au moins, tu seras à l'heure à ton rendez-vous.

Être branché

(to be plugged in)
to be in the know

A: Tu as vu le dernier film de Spielberg ?

B: Non. Je ne savais même pas que Spielberg avait fait un nouveau film.

A: Et le livre de Daniel Tambourin, tu l'as lu ?

B: Non, qui est Daniel Tambourin ?

A: Mais c'est le grand auteur du moment. Et ne me dis pas que tu n'est pas allé au concert de Claire Delune !

B: Non. Désolé. Moi, **je ne suis pas très branché.** Je ne connais pas Claire Delune.

A: Je vois. **Tu n'es pas très au courant des nouveautés.**

Coincer la bulle

(to get the bubble stuck)
to hit the hay, to take a nap

A: Guillaume, va chercher du bois pour le feu ! Lydie, prends la viande et coupe-la en morceaux ! Édouard, mets les assiettes sur la table. Gilbert ! . . . Gilbert, où es-tu ?

B: Monsieur, je crois qu'il est en train de dormir derrière un arbre, là-bas.

A: Quoi ? Nous travaillons dur pour préparer ce barbecue en forêt et, lui, **il coince la bulle ?**

B: Ce n'est pas une surprise. Gilbert est très paresseux et il fait tout pour **éviter de travailler.**

Coller un élève

(to glue a pupil)
to keep a pupil after school, to give a pupil a detention

C'était un matin de printemps. Il y avait du soleil, les oiseaux chantaient et je n'avais pas envie d'écouter la leçon de maths.

J'ai commencé à rêver, puis j'ai pris une page de mon cahier et, avec, j'ai fabriqué un petit avion en papier. Ensuite, comme il faisait chaud, j'ai demandé l'autorisation d'ouvrir la fenêtre et . . . j'ai envoyé mon avion en papier dehors.

Malheureusement, le prof m'a vu et **il m'a collé.** J'ai essayé de protester, mais il n'a pas voulu m'écouter. **Je suis puni et je devrai donc revenir à l'école samedi de 14 heures à 18 heures.**

Faire cavalier seul

(to act like a lone rider)
to go it alone

Quand nous avions 20 ans, nous avons créé un groupe de jazz avec quatre copains, «les jazzmen.» Tous les cinq, nous avons fait de nombreux concerts à Paris et dans le nord de la France.

Un jour, Bernard a décidé de **faire cavalier seul** et il a quitté le groupe pour commencer une carrière indépendante.

Aujourd'hui, «les jazzmen» sont célèbres dans le monde entier et jouent sur tous les continents. Bernard, lui, est encore inconnu du public, ce qui prouve qu'il n'est pas toujours bon d'**agir isolé, sans collaborer avec les autres.**

Faire sauter une contravention

(to make a ticket jump)
to have a traffic ticket cancelled [thanks to influential friends], to fix a ticket

A: Il devient de plus en plus difficile d'avoir une voiture dans cette ville. Le maire a mis des parcmètres partout. Regarde ! J'ai eu une contravention de 200 francs parce que j'ai dépassé le temps de stationnement de cinq minutes. C'est incroyable !

B: Ne t'inquiète pas ! **Je vais faire sauter ta contravention.** Je connais un inspecteur qui pourra faire ça pour moi.

A: Tu es vraiment gentil. Si tu peux **faire annuler cette contravention,** je t'invite au restaurant. C'est promis !

Une histoire à dormir debout

(a story to make you sleep standing up)
a tall tale

A: Hier, il m'est arrivé quelque chose d'extraordinaire. Je traversais tranquillement la rue pour aller à la librairie quand un vieux camion est arrivé vers moi à toute vitesse. Il a freiné et il s'est arrêté à cinq centimètres de moi. Le conducteur est alors descendu: c'était un milliardaire et il m'a donné aussitôt 500 000 francs en billets neufs. Après, il m'a invité dans son camion et nous avons fait le tour de Paris en nous arrêtant dans tous les restaurants et . . .

B: Arrête ! C'est **une histoire à dormir debout !**

A: Ah bon ? Pourquoi est-ce que tu dis ça ?

B: Mais parce que **ton histoire est invraisemblable, extravagante.** Qu'est-ce que tu as encore inventé ?

Avoir des lettres

(to have letters)
to be well read

A: Hier, j'ai passé la soirée chez Laurent et nous avons regardé le nouveau jeu télévisé «Questions pour les champions.» Ils posaient des questions très difficiles et, chaque fois, Laurent connaissait la réponse. Il savait, par exemple, la date de naissance de Molière. Et il connaissait aussi le nom de la capitale du Honduras . . .

B: Je vois que **Laurent a des lettres.**

A: Oui. **Il lit beaucoup et il est très cultivé.** Je crois qu'il va participer à ce nouveau jeu télévisé.

Connaître la musique

(to know the music)
to know the score

A: Patrice, montre-moi ce que tu tiens dans la main !

B: Rien, professeur, rien.

A: Je te rappelle que ceci est un examen et que tu n'as droit à aucun document. Ouvre ta main !

B: Bon, d'accord ! J'ai un petit papier avec les formules de chimie écrites dessus. Mais, professeur, comment avez-vous deviné ?

A: **Je connais la musique !** Moi aussi, j'ai été étudiant avant d'être professeur. **Je connais bien les habitudes** des étudiants et les moyens qu'ils emploient pour tricher.

Être timbré

(to be stamped)
to be nuts

A: C'est agréable d'aller faire un pique-nique à la campagne, n'est-ce pas ?

B: Oui. Et cette nouvelle voiture est très confortable et très silencieuse. C'est vraiment plaisant de rouler sur ces petites routes.

A: Eh ! attention ! il y a une voiture qui arrive en face ! Elle est en pleine gauche ! Mais **le conducteur est timbré !**

B: Mais qu'est-ce qu'il fait ? Il ne nous a pas vus ! Il joue avec son auto-radio. **Il est fou,** il conduit sans regarder la route !

Translations
Traductions

---

1. *(page 1)*
A: I heard that they're going to build a new stadium in town with 30,000 seats and all the latest equipment.
B: Yes, the mayor managed to get five million francs from the government. That's what I read in the paper.
A: Five million francs! How did he do it?
B: Oh, you know, our mayor is also a senator, and I think **he has influence.**
A: Perhaps. Anyway, the new stadium is a good thing for our town. And we can thank the mayor.
B: Yes, he knew enough to contact all the important people he knew, and he worked in the citizens' best interest.

---

2. *(page 2)*
My friend Alain has all the luck. He's tall, muscular, and nice-looking. Women find him attractive. Indeed, **Alain is a** real **Casanova.** I often see him strolling around town with pretty women, and everyone says he has a lot of charm. He attracts every woman.

---

3. *(page 3)*
Pierre was reading the paper when there was a knock at the door. It was a representative of the Red Cross who was collecting clothing for the poor in Africa. Without hesitation, Pierre donated some shirts and a jacket.

Then he went for a walk in town and met a poor man asking for money. Pierre gave him a hundred francs.

That evening, Pierre's neighbor came to see him and told him that his car wouldn't run. Pierre immediately offered to lend him his own car to go to work the next day.

Pierre would really **give the shirt off his back.** He's a generous man, always ready to help others.

---

4. *(page 4)*
A: I bumped into Sophie Duchemin in the street this morning, and she didn't say hello to me.
B: Yes, she's become very distant lately. It's because of that recent newspaper that said she's the best student from all the schools in town.

A: I noticed. She's very cool toward her old friends.
B: Exactly! Now she **thinks she's God's gift to the world.**
A: Yes, she thinks she's better than everyone, and she has a very unpleasant attitude toward others.

---

5. *(page 5)*
A: Please, Dad, I have to do a very difficult math exercise for tomorrow. Can you help me?
B: Sure, show me what you've already done.
A: Uh . . . Actually, I haven't written anything . . .
B: And you think I'm going to do the exercise for you! Well, let me tell you that **you're kidding yourself.**
A: But listen, Dad . . .
B: Stop it! I'm willing to help you . . . But if you really think I'm going to do everything and you're simply going to watch me, you **are mistaken!**
A: Okay, Dad. I promise that I'll try to solve the problem myself.

---

6. *(page 6)*
Jacques is a commercial artist. He was supposed to give his latest drawing to the agency this evening, but he couldn't work this afternoon. His sister dropped by his office, and **she cornered him** for several hours.

Jacques was furious because his sister didn't stop talking and telling about trivial things. In the end, she kept him from finishing his work.

---

7. *(page 7)*
A: Darling, it's a beautiful day and the grass has grown. It's time to cut it.
B: Yes, yes. But I'm on vacation next week. I'll do it then.
A: And do you remember that the garden gate has been broken for two months now? You promised to repair it.
B: Okay. I'll take care of it tomorrow.
A: And you also have to drive the kids to the pool.
B: No problem. I'll go in an hour or two.
A: Darling, you're too much. **You avoid work at all costs.**
B: I just don't like to do a makeshift job and . . .
A: Liar! Don't look for excuses. You're just very lazy.

---

8. *(page 8)*
A: Hello! I've come to pick up my television. Is it repaired?
B: No, not yet. You see, everything started out well, but I **hit a snag.** It's an old model of TV that I don't know well.

A: But you told me to come today to pick it up. You promised that it would be ready!

B: I know. But I ran into an unexpected problem. Come back tomorrow!

---

9. *(page 9)*

A: So we left on vacation for Nice with my dog and my mother-in-law. The car was overloaded, so we left a suitcase at home. And, on the road, it was very hot and we stopped near Dijon to drink some water in a café. But it was very expensive and, on top of that, the waiter wasn't very nice. So the dog started to . . .

B: Stop! **You're getting on my nerves.** For one thing, your story isn't at all interesting. And for another, you're telling it badly. You really are boring.

---

10. *(page 10)*

A: Good evening, Darling. You look exhausted!

B: Yes, I had a very tiring day at the office, with lots of activity and lots of problems to solve. We had a long meeting this morning, and I didn't have time to take a lunch break at noon. I bought two or three things at the grocery store, and **I had a quick snack.**

A: Don't do that too often or you'll have problems with your stomach! It's not good to eat too fast, without taking the time to appreciate your food.

---

11. *(page 11)*

A: Did you know that Mr. Chevalier, our neighbor, just lost his job?

B: Oh? That's terrible because his wife doesn't earn very much money and their son, who's at the university, is costing them a lot.

A: Yes. And I think they borrowed a lot of money from the bank to build their house, and they're having problems paying it back.

B: Nothing is going well for them. Their old car broke down, and they're going to have to buy a new one. I think they barely have any money left.

A: Yes. Lately, I get the impression that **our neighbors are living from hand to mouth.**

---

12. *(page 12)*

Raymond was eating his breakfast in the living room. He was supposed to leave for New York later that morning, but he had plenty of time. At least, he thought so . . .

Suddenly, Raymond thought to check his plane's departure time. It was then he realized that it was leaving at 10:00 A.M.

It was 9:00 A.M., so Raymond had only one hour to get to the airport. Needless to say, **he raced off.** Raymond barely had time to close his suitcase, and he went to the airport at top speed.

13. *(page 13)*

A: I just saw Michel. He didn't know that I'm changing jobs.

B: Of course he did! I told him yesterday.

A: Neither did he know that I'm moving to Marseille.

B: Yes, he did! I told him that too.

A: Then I don't understand his attitude. He asked a lot of questions.

B: I understand. **He played dumb so he could find out more.**

A: You're right. He pretended not to know anything so I would give him more information.

---

14. *(page 14)*

A: Hello! I left my car at your garage yesterday, and I've come to pick it up? Is it ready?

B: Yes. We changed the tires, repaired the accelerator, and changed the oil.

A: What kind of tires did you put on? XB normals or SK specials?

B: I don't know. It's a detail. But I'll look.

A: Please do! And for the accelerator, did you use a standard or a reinforced steel cable?

B: Frankly, there's little difference. It's not important.

A: I'm not sure. And the oil? How many liters of oil did you put in?

B: About for or five liters.

A: No, no. I want to know exactly.

B: Sir, I think **you're splitting hairs** here.

A: Yes, I know. I always consider the smallest details.

---

15. *(page 15)*

A: Hello, Bernard. How are you? You look sad!

B: Hello, Étienne. Actually, I'm not doing too well. I've just lost my job and my fiancée has left me. **I'm down in the dumps** right now.

A: Listen, don't be so sad! Things will work out. With all your degrees, I'm sure you'll find another job. And your fiancée will come back.

B: You think so?

A: Of course. You're looking on the dark side today, but things will be better tomorrow.

---

16. *(page 16)*

A: Good afternoon, Madam. You asked me to come to see you after school?

B: Yes, Mr. Michaud. It's about your son; we're having problems with him. I don't know how to tell you this, but we found some money in his coat that we believe belongs to another student and . . .

A: Madam, **call a spade a spade;** you mean that my son is a thief.

B: Yes, let's be frank. We think that he stole that money.

17. *(page 17)*

A: Hello, Sir. I'm Inspector Dupont. The house of your neighbor, Mr. Bulot, was burglarized last night, and I'm looking for the culprit.

B: I know, Inspector. Mr. Bulot told me about it this morning.

A: Good, then I would like to ask you a few questions. Did you hear any noise last night?

B: No, I heard nothing. But I did see two men in a car stop near Mr. Bulot's house.

A: Can you describe these two men?

B: Not really. It was **dusk** and I didn't see well.

A: That's too bad!

B: I'm sorry that I can't help you. But when the car stopped, night was falling and there was little light.

---

18. *(page 18)*

A: This summer vacation, I think we'll go by the sea, to the Riviera. The children love to go swimming, and my wife wants to bask in the sun.

B: Great, and . . .

A: Yes, the mechanic told me that the battery was dead and that I'd have to change it.

B: What? Listen, **you're jumping from one subject to another.**

A: Sorry, I was following my train of thought.

B: Yes, but I was having trouble following the conversation. Don't change subjects suddenly like that!

---

19. *(page 19)*

I've just signed a contract with André Billon, president of that large chemical company. The negotiations were difficult, and I had **to put up with a lot** to reach my goal.

For example, he demanded I come to work at his house one Sunday at 8:00 A.M. Another day, he had his lunch during our discussions without offering me anything to eat. Recently, he maintained that my secretary was incompetent and that I'd made a bad choice.

And I was forced to suffer these humiliations without protest because I wanted to get that contract!

---

20. *(page 20)*

A: Hello, Antoine. What are you doing on the sidewalk with a bouquet of flowers in your hand?

B: I'm waiting for Nathalie. I've invited her out to dinner.

A: But, it's already 9:00 P.M.! What time was your date with her?

B: At 8:00 P.M. sharp.

A: Well, I think **she stood you up.** I know Nathalie; she's very punctual, and I'm sure she won't be coming for your date.

---

21. *(page 21)*
A: Annie, who was that young man you were with at the movies Saturday night?
B: His name is Denis. He's good-looking, isn't he?
A: Yes. And he seems nice. Is he your new fiancé?
B: Not exactly. I like him a lot, but I find Michel more interesting.
A: Who is Michel?
B: You know him; he's in my class. In addition, he's very tall and muscular, and I'd like him to invite me to the disco some night.
A: Annie, be careful! I get the feeling you **have your finger in more than one pie.**
B: I know. And you think I shouldn't?
A: No. It's never a good idea to pursue two opposite objectives at the same time.

---

22. *(page 22)*
A: I hate coming back from vacation. I always have trouble getting back to work. In fact, I'd like to continue to do nothing.
B: Come on! Buck up! We're going to begin the new river bridge project. We'll get started immediately, and by noon the plans will be finished.
A: What's wrong with you? **Do you have a tiger in your tank?**
B: Yes, I have lots of energy and I'm always full of drive when I come back from a vacation.

---

23. (page 23)
A: Bernard, come here!
B: Yes, Mom. Where are you?
A: In your bedroom. Come here and look! Your books are on the bed, your toys are on the floor, and your clothes are here and there. The radio is on the chair, the ball is on the desk, and there are papers everywhere. **This place is a mess!**
B: Okay, Mom. I admit that my room is not very tidy, but I promise to make an effort.

---

24. *(page 24)*
A: Hey! What a nice-looking car! Did you just buy it?
B: Yes, it's Renault's latest luxury model. It's very well equipped.
A: So, things are going well for you, one would say.
B: Yes, I'm not complaining. My company is making big profits, and I live comfortably. But, you know, it hasn't always been like this.

A: Oh?

B: In my youth, **I went through very hard times.** My family was very poor, and I couldn't go to school much. I had to work at a very young age, and I earned very little because I didn't have any education.

A: I see. You lived through a difficult period. But, fortunately, things are going better now.

---

25. *(page 25)*

A: What's happened to you, Lionel? You don't look happy.

B: No, not at all. You know that I sold my car to a woman three days ago?

A: Yes, I remember. I though you made a good deal.

B: I thought so too. But my bank just called me. **The woman wrote a rubber check.**

A: So the bank won't honor her bad check and you've lost the money.

B: That's right . . .

---

26. *(page 26)*

A: My brother just had a car accident in downtown Lyon.

B: What happened?

A: There was a lot of traffic. He didn't see the car approaching on his left and he ran right into it.

B: And . . .

A: Nothing serious. My brother isn't hurt, but **he smashed up the car.**

B: Oh? The car is damaged? But your brother's okay, that's the important thing. Your insurance will pay for the car.

---

27. *(page 27)*

A: Darling, I went to the garage to pick up the car you left there this morning.

B: And how much did you pay?

A: 3500 francs.

B: What? That's scandalous! What did the mechanic do on that car?

A: He fixed the carburetor, replaced the battery, and did one or two other things.

B: But I had simply told him to change the oil! That's dishonest. I'm going to the garage, and the mechanic will see **what I'm made of.**

A: Calm down. Give him a call first.

B: Now, I'll show him! I'll make a fuss, and I'll tell him what I think of his attitude!

---

28. *(page 28)*

The stairs at city hall are in very bad shape. They date back to 1890 and the wood is no longer very solid.

The day before yesterday, I was going down those stairs when a step broke. I lost my balance, and **I took a hard fall.**

I lodged a complaint because I feel that if I fell, it was the fault of city hall.

29. *(page 29)*

A month ago, I was in an accident with another driver. He ran a stop sign and hit me. But then he took off, and I didn't react quickly enough to take down his license number.

That created a lot of problems because my insurance company didn't want to believe me and refused to pay.

Fortunately, an elderly woman saw everything, and she told the insurance company that I was not responsible for the accident. **She** really **got me out of a jam.**

To thank her, I invited her to a restaurant. It was the least I could do. After all, that woman freed me from my worries and solved my problem.

---

30. *(page 30)*

Mrs. Perron is very pleased with Miss Achard, her son's math teacher. She spoke to me about that teacher for ten minutes, and she didn't stop **singing her praises.**

Miss Achard, it seems, is an excellent teacher who interacts well with young children. Anyway, Mrs. Perron praised the teacher highly and said she was a person full of good qualities.

---

31. *(page 31)*

10:30 A.M.

A: Good morning, Hervé! Where are you running like that?

B: I'm going to see the chief executive officer to tell him the big news: the Japanese have signed the contract for the factory in Marseille.

A: Bravo!

11:00 A.M.

A: So, Hervé, how did it go with the CEO? Was he pleased with you?

B: Things didn't turn out exactly as I had expected. Denis Boulanger got there thirty seconds ahead of me and **pulled the rug out from under me** by making the announcement himself.

A: Really, it wasn't very nice of Denis Boulanger to deprive you of the advantage of announcing the news.

---

32. *(page 32)*

A: I just read a very interesting newspaper article. It talks about Albert Einstein. That man is a genius. They should give him the Nobel Prize!

B: Uh . . . Denis . . . I have to tell you something: Einstein has already got the Nobel Prize. In addition, **he's been pushing up daisies** for a long time. You should cultivate your mind a bit more, and you'd know that Einstein is dead and buried.

33. *(page 33)*

A: How much are you selling your car for?

B: It's in excellent condition, and it has only 35,000 kilometers. I'm selling it for 70,000 francs.

A: That's a little expensive for me. I'll offer you 60,000 francs for it.

B: Oh, no! This car is impeccable. It's really worth 70,000 francs.

A: Maybe. But I'm keeping my offer at 60,000.

B: Listen, we'll **meet halfway.** Give me 65,000 francs!

A: All right, we'll each make a concession.

---

34. *(page 34)*

I had a date with Émilie at 8:00 P.M. in front of the movie theater. I arrived at 7:55 and waited.

At 8:00, Émilie had still not arrived. At 8:15, I was still waiting. At 8:30, Émilie finally showed up. But **I was** still **left cooling my heels** for 35 minutes. And it was raining . . .

It really isn't very pleasant to wait in the rain for half an hour.

---

35. *(page 35)*

A: So, did you pass your exam? Are you a doctor now?

B: Yes. I'm really happy about it, and my family is too. The happiest of all is my grandmother.

A: How did she react?

B: When I told her the news, her emotion was so strong that **she passed out.**

A: What? She fainted?

B: Yes, she lost consciousness for several seconds. But, I'm a doctor now . . . and I took care of her.

---

36. *(page 36)*

The captain sent Sergeant Dufour and Private Maurois on a mission in the jungle. The sergeant gave the orders, but it was Maurois who cut the high grass to clear a path, it was he who built a little bridge over the river, it was he who killed the snakes, and it was he, again, who confronted the tiger.

But, at the end of the mission, the captain congratulated the sergeant. Private Maurois is furious **to have been used** by the sergeant. He took all the risks and did all the work, and another man reaped the rewards. That will serve as a lesson to him.

---

37. *(page 37)*

A: What horrible weather! Wind! Rain!

B: It's a good time to go to the movies. As a matter of fact, yesterday I went to a film festival of old black-and-white comedies featuring Buster Keaton, Charlie Chaplin, and Laurel and Hardy.

A: Did you enjoy yourself?

B: Oh, yes! **I laughed my head off** for two hours.

A: Back then, they knew how to make great movies with small budgets.

B: Exactly. I can assure you I laughed a lot. The jokes were very funny and the actors were perfect.

---

38. *(page 38)*

When Pierre arrived at the home of his friends Julien and Sophie Martin, the couple were arguing. Julien criticized Sophie for not knowing how to cook, and Sophie criticized Julien for not spending more time at home.

Instead of calming down his friends, **Pierre added fuel to the fire.** He implied that Sophie cooked only frozen foods, and he invited Julien to go out with him for the evening.

The couple continued arguing, thanks to Pierre, because instead of helping them make peace, he gave them more reasons to carry on their quarrel.

---

39. *(page 39)*

My neighbor, Claude, is a peculiar character. He's always looking for ways to save as much money as possible. When he peels carrots or potatoes, he saves the peelings to make soup. At his house, old mustard jars serve as wine glasses. And when he plays golf, he ties strings to the balls; that way, he's sure not to lose them.

I don't appreciate my neighbor because I like generous people, and Claude is too stingy. **That man is a skinflint.**

---

40. *(page 40)*

A: Our history teacher told us that Christopher Columbus discovered America in 1495.

B: Are you sure? That's not possible, he must have made a mistake.

A: Maybe. And he also maintained that Germany won World War II.

B: Oh, boy! I think **your history teacher has taken leave of his senses.**

A: Yes, I don't think he knows what he's saying.

---

41. *(page 41)*

No one likes tarts and pastries more than Bertrand. Every day, he gorges himself on cream puffs, vanilla slices, and flaky fritters. He haunts the pastry shops in town and even counts several pastry chefs among his best friends. However, whenever he's invited to dinner, Betrand becomes intolerable. Once dessert is served, he gets very critical: "Ah, you are certainly unaware, sir, that the little tart you are enjoying is 80% fat. And what about your cholesterol level?" or "Madam, that savarin contains no less than 2,000 calories. You know what they say: 'Five minutes in the mouth, five years on the hips!' " One day, during a dinner with friends, Bertrand couldn't resist the temptation to demolish everyone's desserts. Exasperated, one of his friends finally blurted out to him: "Stop **spoiling it for everyone but yourself,** Bertrand. When it comes to calories and cholesterol, *you're* the undisputed champion. So, please, stop criticizing what you yourself love more than anything else in the world!"

---

42. *(page 42)*

Robert is a real hypocrite. He was at a cocktail party with his colleague Maurice, and he didn't stop saying nice things about him. He maintained that Maurice was a perfect co-worker, pleasant and effective.

But when Maurice left, Robert started **to talk about him behind his back.** "He works badly," said Robert. "He's not nice and he's always late."

I didn't appreciate Robert's manner. He said a lot of nasty things about Maurice in his absence.

---

43. *(page 43)*

A: Did you know that Gérard won five million francs playing lotto?

B: No! Impossible. And what is he doing with his money?

A: He bought two sports cars, he dines out every night at the best restaurants, and he wears a different suit every day.

B: Gérard? He was so quiet and reserved! Now, **he's leading the high life!**

A: Yes! Money has transformed him completely. He's living it up.

---

44. *(page 44)*

A: Do you remember my co-worker Gérard? The one who always wore his hair long?

B: Yes. I think that you nicknamed him "the hippie"?

A: That's right. Well, this morning he arrived at the office with his hair cut very short. Of course, **we pulled his leg,** and we asked him if he intended to enlist in the army or if he'd passed too close to a helicopter . . .

B: I see. You made fun of him with the usual old jokes.

---

45. *(page 45)*

Georges discovered a new drug against malaria, but his colleague Maurice had the idea of manufacturing pretty pink pills, he invented a special tube, and he created a colorful, practical box.

And when the drug was marketed, **Maurice took all the credit.** Reporters interviewed him, television crews came, and he was filmed.

Maurice never mentioned Georges's name, and turned the whole operation to his own advantage.

46. *(page 46)*

A funny thing happened to Michel. It was his sister's wedding day and he wanted to take a photo of the whole family. He assembled the entire group and got out his camera. Since he couldn't see everyone, he stepped back; that didn't work, and he stepped back again without looking. He didn't see the big branch, and **he fell flat on his back.**

Fortunately, he wasn't hurt. He fell on his back, but there was a pile of dead leaves.

47. *(page 47)*

All week long, Thierry and I made plans for the weekend. On Monday, he declared he wanted to spend Saturday and Sunday at the beach. On Tuesday, it was a walk in the forest. On Wednesday, he wanted to stay home to watch television. And finally, he decided it would be a picnic near the river.

That boy changes with the weather. It's impossible to really know what he likes or wants. He changes his mind all the time.

48. *(page 48)*

A: My neighbor's house was burglarized last night. The thieves took money, jewelry, and paintings.

B: Did your neighbor call the police?

A: Of course. Three detectives came this morning and **they went through** the garden **with a fine-toothed comb** to try to find the thieves' footprints.

B: Yes, that's the first thing to do. You have to look everywhere around the house. A minute detail can help the police find the culprits.

49. *(page 49)*

My colleague, Pierre Marchand, came to bother me in my office at two o'clock. I had a lot of work, and he stayed and talked about his new car for half an hour.

He came back around four o'clock to discuss his mother-in-law when I was on the phone with a client from Bordeaux.

At five o'clock, Pierre came back into my office while I was having a meeting. At that point, I lost my patience and **I sent him about his business.** I told him that I had urgent work to finish, that I did not want to be disturbed, and I asked him to leave.

50. *(page 50)*

A: Daddy dear, you have a pretty tie on today. Would you like me to bring you the newspaper? You know, it's a beautiful afternoon, and the water at the lake must be warm. It's sure nice to go swimming there. But the lake is far away, I can't walk there, and my bicycle is broken. That's too bad, it must be very nice . . . Oh, well.

B: Stop! **Stop beating around the bush!** You want me to drive you to the lake, don't you?

A: Uh, yes . . .

B: Then say what's on your mind. Ask me! And go get your swimsuit!

---

51. *(page 51)*

My dog escaped from the house and went to the neighboring farm. There, he went crazy and began to run all over the place. Then he saw the chickens and attacked them.

Finally, he killed two chickens and ate them. Of course, the farmer identified my dog and came to my house. **I had to pay the piper.**

The farmer was very happy, but I wasn't. My dog caused the damage, but I had to suffer the consequences.

---

52. *(page 52)*

My son, who is 14 years old, wanted to go out last night with some pals. He asked me for permission to return at midnight.

Since he had done well at school, I gave my agreement, but I made him promise to be in the house at midnight.

I read all evening long, and I waited for him to return. But by midnight, he wasn't there. I was really worried. In fact, he came back at two o'clock in the morning. I waited for him, and when he arrived, **I gave him a good dressing down.**

I was very angry, and I severely reprimanded him, saying that when you make a promise, you have to keep it.

---

53. *(page 53)*

This morning I got an unexpected visit. Pierre Maréchal came to see me at the office. What a surprise! I hadn't seen him in 20 years. We were friends at the University of Lille, but life drew us apart.

Pierre explained to me that he had lost his job, and he asked me to help him. I gave him two or three telephone numbers, but that's all I could do.

I get the impression that **Pierre is networking** to find a new job. I think he's going to contact all his friends and all the people who can help him.

---

54. *(page 54)*

A burglary was committed at the jewelry store on avenue de Gaulle. Someone broke the window and took the rings and bracelets. But, the thief cut himself on the glass, and he left behind a few drops of blood.

The police worked quickly and they arrested Riton. He refused to admit that he was the culprit. But when the police talked about the blood, Riton decided **to come clean.**

That detail was proof against him, and Riton confessed that he had stolen the jewels. He told the police everything.

---

55. *(page 55)*

A: Édouard! The little blue house on the corner with the big yard, you know, the one you like so much . . .

B: Yes, I look at it every time I pass by, and I dream of living in it.

A: Well, I have good news for you: the owner wants to sell his house.

B: Terrific! We have **to seize the opportunity**. I'll run to the bank immediately.

A: You're right. One should always take advantage of good opportunities when they present themselves.

---

56. *(page 56)*

When I opened my shoe store on rue de la République, there was already another shoe seller there.

He immediately tried **to throw a monkey wrench into my business.** He said bad things about me to all my neighbors, he went to the bank to tell them I was dishonest, and he asked the mayor to close down my store.

That man really did everything he could to create problems for me and to keep me from working as usual.

---

57. *(page 57)*

A: So, how's your tennis racquet factory doing?

B: Not very well. Do you recall that, to start out, I went into business with Paul Mirambeau because I didn't have enough money?

A: Yes. Paul is very rich, and he helped you buy the materials.

B: Exactly. Our partnership has worked well. But now he's had enough of making tennis racquets, and he wants **to renege on the deal** and do something else.

A: But that's a catastrophe for you! And what will you do if Paul takes back the money he invested and leaves?

B: I don't know. Maybe I'll look for another partner.

---

58. *(page 58)*

Yesterday was a beautiful day, and I went to the seashore with my children. When I arrived, the parking lot was full and I parked my car on the beach.

We went off to swim and bask in the sun. But when we came back to the car, a bad surprise was waiting for us. The wheels were stuck in the sand.

So I floored the engine and asked the children to push the car, but it was **wasted effort.**

That useless maneuver made us lose a lot of time and energy. Finally, we got the car out of the sand by placing wooden planks under its wheels.

---

59. *(page 59)*

Armand had high hopes this year. In fact, the director had told him that he would be looking for an assistant and that Armand was the ideal man for the job.

However, a month ago, the director announced that he was taking his own son as his assistant to train him for a year.

Since then, **Armand has been champing at the bit.**

He is truly impatient to become the director's new assistant, but he is obliged to wait in silence a few more months.

---

60. *(page 60)*

A: Jean-Claude! I need some potatoes. Run to the grocery store and buy two kilos of them.

B: But, Mom, look outside! **It's raining cats and dogs.**

A: Then take an umbrella.

B: But it's raining very hard. Even with an umbrella, I'll get soaked. I'd rather wait a few minutes.

---

61. *(page 61)*

When I was a young boy, my parents forced me to take piano lessons. In the winter it was very unpleasant because I left the music school at six o'clock in the evening, and it was dark.

My parents lived on the edge of town, near the cemetery. To get home faster, I would sometimes choose to cross the cemetery. But at night, when it was raining and the wind was blowing hard, **I'd get the jitters.**

Later, I grew up, I became more sensible, and I understood that I had no reason to be afraid.

---

62. *(page 62)*

A: Mr. Chevalier told me that his son was going to enter a prestigious university and have a great career.

B: Oh, no. He's just continuing his studies.

A: Oh? And he told me that he had bought a deluxe limousine.

B: No. He simply bought an ordinary car. Mr. Chevalier tends **to get things out of proportion.**

A: Yes, now I realize that he has an exaggerated view of things.

---

63. *(page 63)*

A: Pierre! What a good surprise! How are you?

B: Not very well. I've been job hunting for a month, and I'm not finding anything.

A: But I can help you! I'm going to phone the senator. I'm sure that he'll have something for you.

B: The senator?

A: Yes, **I'm in his good graces.**

B: Oh? I didn't know that you were on such good terms with him and that he was ready to help you out.

---

64. *(page 64)*

Jacques has never had much luck in life. Six months ago, he got a divorce, then his daughter was expelled from the university, he had a serious car accident and, last week, he lost his job.

Now, **Jacques is at the end of his rope.** After all these troubles in a row, he has lost hope. I hope that things get better for him soon.

---

65. *(page 65)*

The President of the Republic recently made a long trip throughout France. Everything went well everywhere, except in Lyon.

The president was giving a speech on the French economy when an insolent young man **cut him short** and declared that he disagreed with him.

Television, radio and the newspapers talked a lot about this young man who interrupted the President.

---

66. *(page 66)*

Three people were killed in Paris in the early hours of Thursday. The police immediately started their investigation and they quickly found the killer.

He had lost a button from his coat, and that object permitted the police to identify him.

Today, the killer is **under lock and key,** and he is awaiting trial.

He will no doubt remain in prison for many years.

---

67. *(page 67)*

A: So? Are the election results known? Has Mr. Richaud, the mayor, been reelected, or did his opponent win?

B: I have the results. **Mr. Richaud lost his shirt.** He has 3,823 votes and his opponent has 8,742 votes.

C: Oh! Mr. Richaud has clearly lost the election. We therefore have a new mayor.

---

68. *(page 68)*

A: I was in the neighborhood and I decided to come to see your new offices.

B: You did the right thing. Come on! I'll give you a tour.

A: Oh! This is much bigger than before. And it's well equipped. But what's that strange machine?

B: Ha! Ha! Ha! You're funny! You **look baffled!** But it's a telecopier or, if you prefer, a fax machine.

A: I see. But why are you laughing?

B: I'm looking at your face. You seem really surprised by this machine, and your face has a funny expression.

---

69. *(page 69)*

A: Darling, look at what I bought this afternoon at the mall!

B: What is it? A new gadget?

A: Exactly. It's a coffee cup that gives the time and temperature.

B: What? But **you're** really **throwing money out the window!** You know that we have financial problems, and you buy completely useless things!

---

70. *(page 70)*

A: Good morning, Sir. Is the train from Paris to Toulouse still leaving at 8:47 A.M.?

B: Yes.

A: Perfect. Then I'd like one round-trip ticket for Souillac. Second-class. No smoking.

B: Sorry, Sir. That's impossible. The 8:47 from Paris to Toulouse doesn't stop at Souillac. That train skips the small stations.

A: Oh! **It stops only in larger cities?** Then I'll take the 10:12. I hope it stops at Souillac.

---

71. *(page 71)*

A: Dad, I broke my toy car. Can you come here and fix it, please?

B: I'm coming, Vincent.

C: Dad! Come and help me! I have a problem with my math homework.

B: Yes. One minute, Annie.

D: Darling, can you come to the kitchen, please? I need your help to make the mayonnaise.

B: Stop! Stop, all of you! I can't **be in two places at one time!**

D: Sorry. It's true that you can't do several things at the same time.

72. *(page 72)*

Albert was seriously ill and was hospitalized. But the doctors did their jobs well, and Albert is feeling better now. But he is bored; two weeks in the hospital is a long time!

Albert would like to go home, at least for a few hours, but the doctors have forbidden it.

One day, Albert couldn't take it anymore and **went over the wall** in his pajamas. He stopped a taxi in front of the hospital, and he went home.

In the meantime, the nurse found Albert's bed empty, and she realized that he had fled. She notified the police, and Albert was in trouble.

73. *(page 73)*

Théodore Berton was once a pillar of society in the city of Toulouse. He owned two yachts and ten sports cars. He was invited to all the cocktail parties and formal social events. His picture was in all the city papers.

Then, one day, it was discovered that Théodore Berton was a fraud, and that caused an enormous scandal. Since then, **he keeps a low profile,** he leaves his home very little, and his picture is no longer in the papers. Théodore no longer wants people to talk about him, and he is very discreet.

74. *(page 74)*

At eighteen, Leopold decided to leave school and try his luck in Paris. So he left his village and moved into a small room in the Quartier Latin.

He started to write books, but no editor wanted to publish them. Then, one day, success came. His novel, *Le chat du paradis,* sold one million copies. It was adapted into a movie, and it became a famous film.

Since then, **Leopold is one of the upper crust.** He has written other books, and everyone admires him. In the French literary world, he is considered to be the greatest.

75. *(page 75)*

My neighbor, Mr. Leblond, just bought an ultramodern ladder that he paid a lot for.

This morning, I went to his house to borrow that ladder because I wanted to go up on the roof of my house to see if the chimney was blocked.

No luck! The ground was wet, the ladder slipped, and it broke.

When I told my neighbor the news, **he hit the ceiling.** That ladder was expensive, he said, and he needed it. He was very angry.

76. *(page 76)*

This year, Christmas falls on a Thursday. That's not very interesting because, normally, we'd have to return to work on Friday.

But I think our director will be understanding and **we'll take a long weekend.**

I think he'll decide that we won't work on Friday, and we'll thus have four consecutive vacation days.

---

77. *(page 77)*

Four years ago, Raymond opened a small grocery on the main street of town. Business went well; there were a lot of customers who came to the store.

But last year, a big supermarket opened its doors in the center of town, and Raymond started to lose customers. He tried to resist, but the battle was too one-sided. Finally he **had to close down.**

The entire town was sad to see Raymond stop his operations, but that's business.

---

78. *(page 78)*

Pierre met Marie at an outdoor café, and it was love at first sight! He courted her extravagantly, and after several months, Pierre and Marie were engaged. The thought of their life together made Pierre happy, but he kept the biggest secret about his past to himself: he was divorced. One day, by chance, the couple met a friend of Pierre's first wife in the street. Without knowing it, that man was going **to spoil everything** for him. During the conversation, the man naturally mentioned Pierre's first wife. Bowled over by the news, Marie immediately broke off the engagement. That man, without wanting to, ruined all Pierre's plans for happiness.

---

79. *(page 79)*

A: When I finish my studies at the university, I'll be an engineer. I'm going to build a factory, and I'll produce a new motor that I will have invented that runs on sea water. Then . . .

B: I think you're **counting your chickens before they've hatched.** First, you need to get your degree.

A: You're right. I'm daydreaming and making slightly crazy plans.

80. *(page 80)*

A: What are you doing this summer?

B: We have big plans. I think we'll visit the Caribbean by boat, and if we find an island we like, we'll buy it.

A: You'll buy it?

B: Yes. And we'll build an airport on it, then we'll open several hotels, and . . .

A: Paul, please, stop **building castles in the air!**

B: You're right to bring me back to earth. I think I'm making unachievable plans.

81. *(page 81)*

A: Antoine, are you ready?

B: No, I haven't finished getting dressed.

A: Listen, hurry up a little! We promised Mr. and Mrs. Pilon to arrive at their house at noon for lunch!

B: Calm down! **There's no need to panic!** It takes 25 minutes to get to their house, and it's not even 11:15.

A: Okay. We have a little more time. But, make an effort. If you continue like this, we'll end up being late.

82. *(page 82)*

A: It's not always easy to be a journalist. My boss wants me to write a one-page article on Sylvie Pardonc, the new French singing star. And, what's more, he wants an interview.

B: But why are you complaining? It must be nice to spend some time with the beautiful Sylvie.

A: No. Because on top of everything else, I don't like her style of singing at all. And I have absolutely no desire to interview her.

B: Go on, go on! **It can't be as bad as all that.**

A: I know it's not very difficult. But, for me, it's not what I would call a pleasant job.

83. *(page 83)*

A: Darling, I need some thyme and two or three other herbs for my sauce. I know you can find them at Mr. Larivière's store. Can you go there for me?

B: What? But that's **halfway around the world!** It'll take me at least an hour by car.

A: You're exaggerating a little . . .

B: Not at all. It's very far! Mr. Larivière's store is at the other end of town.

84. *(page 84)*

A: I have just learned an extraordinary bit of news. Do you know Isabelle, who is in her second year of math studies at the university?

B: Of course. She's going to marry my cousin Edmond next month.

A: Not at all. She's just told me that she's going to marry her math teacher.

B: Dear me, **I'm completely taken aback!** I absolutely didn't know. That's a real surprise to me. I don't know what to say.

---

85. *(page 85)*

A: Is it done? Do you have your degree in biology?

B: Yes, and I've even found a job.

A: Already? But you've barely finished your studies at the university!

B: Yes, but a big pet food company contacted me, and offered me a position.

A: Does it pay well?

B: They give me a salary of 7500 francs. **It's no great fortune,** but I can start work immediately.

A: It's not a very good salary, that's true, but to get into that company is already a lucky thing. And besides, it's a start . . . You'll be able to advance later, and you'll be better paid.

---

86. *(page 86)*

A: Mrs. Leclerc, the library director, asked me to help her during Christmas vacation. I automatically agreed without asking her what there was to do. If I had known, I would have refused.

B: Why is that?

A: Because Mrs. Leclerc wants me to look at the library's 20,000 books one by one and verify that they all have reference numbers. But **that's a Herculean task!**

B: You're right. I think it will take up absolutely all of your vacation days. That's an enormous job.

---

87. *(page 87)*

A: It was nice of you to have invited me to this dinner. There are a lot of people here, aren't there?

B: Yes, about thirty people.

A: Say, while we were having drinks, I spoke with that man over there in the red jacket. He's strange. I told him that I have numerous compact discs of classical music, and he asked me what a compact disc was.

B: That doesn't surprise me. That's my cousin. **He's been living in a cave.** This is the first time he's come to Paris, and he knows little about modern technology.

---

88. *(page 88)*

A: Mom, I want to go to the park! I want to go to the park!

B: All right! We're going. But calm down! You're really unpleasant today!

A: Mom, buy me an ice cream cone! An ice cream cone! An ice cream cone!
B: Yes, yes. But be quiet, you're getting on my nerves!
A: Mom, I dropped my ice cream on my shirt.
B: What? But you're impossible—really!
A: Mom, I want another ice cream cone!
B: Now, **that's the straw that broke the camel's back.** We're going home right now, and you'll be punished. I can't tolerate any more of your demands. Enough is enough.

---

89. *(page 89)*
A: Where are you going like that?
B: There's a sensational show in town. A motorcycle champion is going to try to jump over sixteen buses lined up side by side.
A: But **that guy is completely crazy!**
B: Yes, I also think that he's not very sane, but what he's going to do is exceptional. Come with us, you should see this!

---

90. *(page 90)*
A: Good morning, Dad! Good morning, Mom! Is breakfast ready?
B: Yes, but what's wrong with you? You haven't combed your hair . . . And you're **dressed like a scarecrow!**
A: I know. I didn't hear the alarm clock ring. I rushed into the bathroom, and I got dressed very fast, without paying attention to the clothes I was putting on.
B: Stop running for thirty seconds and at least button up your shirt!

---

91. *(page 91)*
Yesterday the prime minister took the TGV (high-speed train) to Marseille to unveil a statue of Marcel Pagnol.

He took the opportunity to make a long speech and to defend French literature and the French language. He was loudly applauded by the 10,000 people there.

Then **the prime minister mingled with the crowd.** Since it was a very nice day, he walked 200 meters into the crowd, shook hands, and posed for photos. A little girl offered him a bouquet of flowers, and that made a nice photo for the reporters.

---

92. *(page 92)*
A: What are you doing on this sidewalk? You seem on edge . . .
B: I've been trying to hail a taxi for fifteen minutes. I have a date and I'm going to be late.

A: No problem! I have my car near here. I'll take you!

B: No way! I'm not getting into your car. It's **a heap.**

A: Okay, it's an old car and it doesn't have very good performance. But at least you'll be on time for your date.

---

93. *(page 93*

A: Have you seen the latest Spielberg film?

B: No. I didn't even know that Spielberg had made a new film.

A: And the book by Daniel Tambourin, have you read it?

B: No, who is Daniel Tambourin?

A: But he's the great writer of the moment. And don't tell me you didn't go to the Claire Delune concert!

B: No. Sorry. **I'm not in the know.** I don't know who Claire Delune is.

A: I see. You're not really up on new things.

---

94. *(page 94)*

A: Guillaume, go get some wood for the fire! Lydie, take the meat and cut it in pieces! Edouard, put the plates on the table. Gilbert! . . . Gilbert, where are you?

B: Sir, I think he's sleeping behind a tree over there.

A: What? We're working hard to prepare this barbecue in the forest and **he's taking a nap?**

B: That's not a surprise. Gilbert is very lazy, and he'll do anything to avoid work.

---

95. *(page 95)*

It was a spring morning. The sun was shining, the birds were singing, and I didn't want to listen to the math lesson.

I started to daydream, then I took a page out of my notebook and, with it, made a little paper airplane. Then, since it was warm, I asked permission to open the window and . . . threw my paper plane outside.

Unfortunately, the teacher saw me and **he gave me a detention.** I tried to protest, but he refused to listen. I was punished, and I will therefore have to come back to school on Saturday from two to six o'clock.

---

96. *(page 96)*

When I was twenty, I formed a jazz group, The Jazzmen, with four friends. All five of us gave many concerts in Paris and northern France.

One day, Bernard decided to go it alone, and he left the group to begin an independent career.

Today, The Jazzmen are famous all over the world and play on every continent. Bernard is still unknown to the public, which goes to prove that it's not always good to act alone, without collaborating with others.

---

97. *(page 97)*
A: It's getting harder and harder to have a car in this city. The mayor has put parking meters everywhere. Look! I got a parking ticket for 200 francs because I went beyond the parking time by five minutes. It's unbelievable.
B: Don't worry! **I'll have your ticket fixed.** I know a police detective who will do it for me.
A: That's very nice of you. If you can get this ticket canceled, I'll invite you to a restaurant. That's a promise!

---

98. *(page 98)*
A: Yesterday something extraordinary happened to me. I was calmly crossing the street to go to the bookstore when an old truck came toward me at top speed. It hit the brakes and stopped within five centimeters of me. The driver then got out. He was a millionaire and, right then and there, he gave me 500,000 francs in new bills. Then he invited me to join him in his truck, and we toured Paris together, stopping at all the restaurants and . . .
B: Stop! That's **a tall tale!**
A: Oh? Why do you say that?
B: Because your story is incredible, outlandish. What else have you invented?

---

99. *(page 99)*
A: I spent yesterday evening at Laurent's, and we watched the new television game *Questions for Champions.* They asked very difficult questions, and each time, Laurent knew the answer. For example, he knew Molière's birth date. And he also knew the capital of Honduras . . .
B: I see that **Laurent is well read.**
A: Yes. He reads a lot and he is well educated. I think he's going to be a participant on that new game show.

---

100. *(page 100)*
A: Patrice, show me what you have in your hand!
B: Nothing, Professor, nothing.
A: Let me remind you that this is an exam and that you are not allowed a single document. Open your hand!
B: Oh, all right! I have a small piece of paper with the chemical formulas written on it. But, Professor, how did you guess?

A: I **know the score!** I, too, was a student before being a teacher. I know students' habits well, and methods they use for cheating.

---

101. *(page 101)*

A: It's nice to go have a picnic in the country, isn't it?

B: Yes. And this new car is very comfortable and quiet. It's really pleasant to drive along these little roads.

A: Hey! Watch out! There's an oncoming car ahead! It's in the far left! **The driver is nuts!**

B: What is he doing? He doesn't see us! He's playing with his car radio. He's crazy—he's driving without looking at the road!

Idioms Listed by Key Images

Ace (of Spades)
être habillé comme l'as de pique   90

Apple
tomber dans les pommes   35

Arm
avoir le bras long   1

Back
casser du sucre sur le dos de quelqu'un   42

Ball
saisir la balle au bond   55

Bath
prendre un bain de foule   91

Beast
chercher la petite bête   14

Bit
ronger son frein   59

Blanket
tirer la couverture à soi   45

Bolts
être sous les verrous   66

Bone
tomber sur un os   8

Box
mettre quelqu'un en boîte   44

Bridge
faire le pont   77

Broom
rôtir le balai   43

Bubble
coincer la bulle   94

Castles
bâtir des châteaux en Espagne   80

Cat
appeler un chat un chat   16

Ceiling
sauter au plafond   76

Chestnuts
tirer les marrons du feu   36

Chicken
avoir l'air d'une poule qui a trouvé un couteau   68
sauter du coq à l'âne   18

Clouds
tomber des nues   84

Cobblestone
tenir le haut du pavé   75

Cockroach
avoir le cafard   15

Comb
passer au peigne fin   48

Comet
tirer les plans sur la comète   79

Cow
manger de la vache enragée   24

Crowd
prendre un bain de foule   91

Devil
tirer le diable par la queue   11

Dog
entre chien et loup   17

Donkey
faire l'âne pour avoir du son   13
sauter du coq à l'âne   18

Door/Doorbell
mettre la clef sous la porte   78
tirer les sonnettes   53

Dumb
faire l'âne pour avoir du son   13

Eat
avoir mangé du lion   22
manger de la vache enragée   24
manger les pissenlits par la racine   32
manger sur le pouce   10

Eggs
tondre des œufs   39

Eye
se mettre le doigt dans l'œil   5

Finger
se mettre le doigt dans l'œil   5

Fire
il n'y a pas le feu   81
jeter de l'huile sur le feu   38
tirer les marrons du feu   36

Flour
pédaler dans la semoule   40

Idioms Listed Alphabetically